Freya Klier
Lüg Vaterland

Freya Klier

Lüg Vaterland

Erziehung in der DDR

verlegt bei Kindler

©Copyright 1990 bei Kindler Verlag GmbH, München.
Das Werk einschließlich aller seiner Teile
ist urheberrechtlich geschützt.
Jede Verwertung außerhalb der engen Grenzen
des Urheberrechtsgesetzes ist ohne Zustimmung des Verlags
unzulässig und strafbar.
Das gilt insbesondere für Vervielfältigungen, Übersetzungen,
Mikroverfilmungen und die Einspeicherung und
Verarbeitung in elektronischen Systemen.
Umschlaggestaltung: Graupner + Partner, München
Satzarbeiten: Compusatz GmbH, München
Druck und Bindearbeiten: Franz Spiegel Buch GmbH
Printed in Germany
ISBN 3-463-40134-7
2 3 5 4

Inhalt

Einleitung   9

1. Die Wurzeln   15
Der Anspruch: Bildungsgleichheit für alle   17
Der Aufbruch ins Sowjetkollektiv   24
Eine neue Macht – ein neues Bildungsprivileg   29
Heimat, Partei, Stalin   35
Exkurs: Makarenko – der Favorit Stalins   44
»Kritik und Selbstkritik« – die Lüge der Komintern   51

2. Ein künstlicher Baum auf eine faule Wurzel   65
Der scheindemokratische Aufbruch   67
Ende der Demokratiespiele   76
Exkurs: Interview mit dem Genossen B.   87
Aus Leninschem Geist, von Stalin geschweißt   90
Zitterpartie und Polytechnik   102
Exkurs: Wir – die Kinder der Aufbauzeit   110

3. Geschlossene Gesellschaft und
   Konsolidierung ins Biedermeier   117
Exkurs: S., ein Kind der Republik   136

4. Im Wettlauf mit der Zeit   143
Der Run auf den Computer   145
Eine neue Elite, eine linientreue Intelligenz   154
Der Lehrer – ein Propagandist der Partei   167
Die Kampfpresse der FDJ   175
Exkurs: Jugend zwischen Flucht und Flunsch   185

Nachwort   197

Anmerkungen   203

Für meinen
Bruder

Einleitung

»Die Schule, wie sie ist und die Schule wie sie sein soll, verhält sich zueinander genau gleich dem Staat, wie er ist und dem Staat, wie er sein soll. Der Staat, wie er ist, d. h., der Klassenstaat, macht die Schule zu einem Mittel der Klassenherrschaft. Er kann freie Männer nicht brauchen, nur gehorsame Untertanen; nicht Charaktere, nur Bedienten- und Sklavenseelen. Da ein ›intelligenter‹ Bedienter und Sklave brauchbarer ist als ein ›unintelligenter‹ – schon die Römer legten auf Sklaven, die etwas gelernt hatten, besonderen Wert und zahlten entsprechende Preise für sie – sorgt der moderne Staat für eine gewisse Intelligenz, nämlich für Bedienten-Intelligenz, die das menschliche Werkzeug verfeinert und vervollkommnet, so daß sich besser mit ihm ›arbeiten‹ läßt...«

In den Jahren 1986/87, als ich ein Verbot der SED übertrat und landesweit DDR-Jugendliche nach ihrer Lebenssituation befragte, zitierte ich diese Passage häufig. Ihre Quellenangabe verblüffte: Sie entstammte einer Festrede Wilhelm Liebknechts aus dem Jahre 1872, gehalten anläßlich der Stiftung des Dresdner Bildungsvereins.[1]

Liebknechts scharfer Angriff galt den Dressuranstalten im Deutschland des späten 19. Jahrhunderts. Und er galt einem Staat, in dem »das Wissen unter Verschluß der Herrschenden ist, den Beherrschten unzugänglich, außer in der Zubereitung und Verfälschung, die den Herrschenden beliebt«. Diesem Staat stellte er den Aristotelischen Idealstaat gegenüber – und fand durch diesen Kontrast seine »heutige Wirklichkeit aufs Tiefste beschämt«.
Die Scham hält auch ein Jahrhundert später noch an, der Wiedererkennungseffekt ist beträchtlich.
Woran liegt es, daß DDR-Jugendliche auch Ende der 80er Jahre noch meinten, die »gigantische Verdummungsmaschine von Schule, Kaserne und Presse«, die Vorkämpfer Liebknecht in solch gesellschaftsumwälzenden Harnisch versetzte, rattere noch immer am – nun »sozialistischen« – Fichtelberg, an der Müritz oder der Spree?
Als die DDR im Sommer 1989 am ungarischen Stacheldraht hängenbleibt und manch einer befürchtet, sie werde nun aufdrieseln bis zur Naht, sind es vor allem Jugendliche, die durch Grenzbefestigungen robben und Botschaften stürmen. Vor die Objektive der Kameras geraten junge Familien, deren Gesichter nicht mehr vom Schrecken des Stalinismus gezeichnet sind. Gut gekleidet und wohlgenährt, will vielen ihr Aufatmen darüber, der staatlichen Willkür endlich entronnen zu sein, nicht so recht glaubhaft erscheinen. Was trieb gerade junge Menschen so massenhaft aus ihrem Land? Was hat es mit dieser Generation auf sich, mit ihrer Apathie und diffusen Wut?
Ältere stehen solchen Stimmungen oft ablehnend und verständnislos gegenüber. Doch kommen wir dieser Generation nur näher, wenn wir sie begreifen als Resultat einer Erziehung zur Unmündigkeit – in den Mauern einer

geschlossenen Gesellschaft. Am Ende eines vierzigjährigen Formungsaktes von DDR-Bürgern hinterlassen gerade die Jüngsten den hoffnungslosesten Eindruck. Gesättigt und ohne jede Existenzangst stehen sie »ihrem« Staat fremd gegenüber, verkörpern sie wie keine Generation vor ihnen die Merkmale der zum bloßen Funktionieren Erzogenen. Die Merkmale derer, die nichts mehr selbst gestalten, die weder bestehen noch versagen durften – deren Aufgabe lediglich darin bestand, auf dem Platz mitzutrotten, auf den die Partei sie stellte.

Ihre Eltern waren stärker gefordert, doch auch sie sind letztlich Produkte einer geschlossenen Gesellschaft, Produkte eines Staates, der seine Zöglinge von der Außenwelt abschotten mußte, um sie für ein System zu präparieren, das der führenden Partei als das historisch fortschrittlichste galt.

Der Schule kam in der DDR dabei eine besondere Rolle zu: Machtmittel noch jeden Staates, geriet sie unter der SED-Herrschaft zu einem Machtmittel par excellence.

Nachdem die DDR-Bürger der Welt einen Herbst lang vorgeführt hatten, wie eine Revolution aussieht, in der Kerzenwachs fließt statt Blut, fiel endlich auch die Mauer. Doch seit jenen Herbsttagen überschlägt sich das Schwungrad der Geschichte: Menschen stehen sich plötzlich gegenüber, die einander kaum kennen und die sich gegenseitig doch beteuern, es solle nun »zusammenwachsen, was zusammengehört«. Sie besinnen sich darauf, ein Volk zu sein, verweisen auf ihre Verwandtschaft, auf eine fernere, doch gemeinsame Vergangenheit, auf die gleiche Sprache. Doch schon im Akt des Wiedererkennens spüren sie auch das Fremde, das zwischen ihnen steht.

Fast ein halbes Jahrhundert waren sie voneinander getrennt (für Jüngere hatte das Wort »Trennung« von vornherein keinen Sinn). Das erste Jahrzehnt hielten sie noch wacker Kontakt, doch nachdem man sie brutal auseinanderbetoniert hatte, konzentrierten sie sich mehr und mehr auf ihre eigenen Belange. Besuchen durfte man einander ohnehin zunächst gar nicht, dann nur spärlich und äußerst einseitig, und auch das nur mit Sondergenehmigung.

So lebten sie sich zwangsläufig nicht nur auseinander, sie dachten sich auch auseinander. Und während sich die abgeschottete Klitsche in den Köpfen ihrer Bewohner allmählich zur »Welt« aufplusterte, schwand aus den Köpfen der freier Beweglichen allmählich das Vermögen, sich Abschottung überhaupt vorstellen zu können.

Aus einem Volk wurden im Lauf der Jahrzehnte zwei Bevölkerungen – freiwillig oder nicht. Heute sind ihre Identitäten unverwechselbar verschieden. Denn die Gesellschaftsmodelle, in denen sie zufällig aufgehoben waren, wichen derart voneinander ab, daß neue Verwandtschaft sich über die alte stülpte: Zu der des Blutes kam die des Schicksals. Und so ähneln sie einander auch nach vierzig Jahren noch – doch ähneln sie nun zugleich auch jenen Völkern, mit denen sie das jeweils gleiche politische Schicksal teilten: den osteuropäischen, den westeuropäischen.

Heute, da wir betont locker beieinanderstehen, sehen wir nicht nur die gleichen Dinge verschieden, wir sehen auch verschiedene Dinge. Darüber kann weder der Drang des Oder/Elbe-Deutschen hinwegtäuschen, seine verkorkste Geschichte möglichst schnell dem Salpeterfraß der Vereinigung anheimzugeben, noch der Drang des Rhein/Ruhr-Deutschen, seine stolzen Errungenschaften (einschließlich Kaiserquartett?) den wiedergefundenen Brüdern und Schwestern so stracks wie möglich überzuhelfen. Schon einmal vollzog sich eine Wende zu rasch.

Falls wir noch lernfähig sind, sollten wir das Gepäck, das jeder von uns in die gemeinsame Zukunft herüberschleppt, diesmal genauer begutachten, bevor wir es auf ein und denselben Haufen werfen.

Wer sind – und vor allem: was waren wir?

Fragen bohren sich herauf, die auf Hochglanzpapier längst beantwortet sind. Gab es nicht wenigstens einen Hauch von Sozialismus, wurden wir tatsächlich nur mißbraucht? Können wir uns – nach dem Jahrhundertfiasko – zu einem Neubeginn noch einmal aufraffen, oder ist Sozialismus tatsächlich nichts weiter als die »zu Ende gedachte Tyrannei der Geringsten und Dümmsten, der Oberflächlichen, Neidischen und Dreiviertelschauspieler«, wie Nietzsche einst spottete?[2]

Wir ahnen, daß wir uns tief zu unseren Wurzeln hinuntergraben müssen. Und mag der Schlüssel zum Verständnis des westlichen Teils Deutschlands im alles beherrschenden Spiel seiner Wirtschaft zu finden sein – der Schlüssel zum Verständnis seines östlichen Teils liegt in der Erziehung. Kein Bereich der DDR-Gesellschaft hat den abgeschotteten »Sozialismus-Zögling« intensiver geprägt als das Erziehungs- und Bildungswesen. Und nirgendwo sonst läßt sich die Strategie der herrschenden Partei derart explizit nachvollziehen wie im Spannungsfeld von Staat und Schule.

1.
Die Wurzeln

Der Anspruch:
Bildungsgleichheit für alle

1792 stellt Condorcet, Aufklärer und Girondist, der Französischen Nationalversammlung ein Schulkonzept vor, das – als Menschenrecht nach Artikel I der Déclaration – allen Bürgern seines Landes gleichermaßen das Recht auf Bildung garantiert. Das Konzept fußt auf der Grundlage politischer Gleichheit und gesteht jedem Kind zu, den ganzen Umfang seiner von der Natur empfangenen Talente zu entfalten.

Es ist ein großer egalitärer Plan, für den Condorcet auch gleich den Schlüssel bereithält: Das gesamte öffentliche Schulwesen solle der Aufsicht seiner bisherigen politischen Autoritäten entzogen und »jener unbestechlichen und dem allgemeinen Willen gehorchenden Gewalt unterstellt werden, die das Volk selbst berufen hat«.[3]

Aus dem großen Plan wird nichts – ebensowenig wie aus dem kurz darauf entwickelten (und nun jakobinisch verschärften) Schulkonzept Lepeletiers: Nach ein paar verheißungsvollen Experimentierstunden blutet die Französische Revolution in ihren bourgeoisen Abend aus – pragmatischere Schulkonzepte werden favorisiert. Die neuen Bildungsprivilegien sind zwar modifizierter als jene vor der Revolution, aber noch immer gehen sie auf Kosten der einkommensschwachen Schichten. Bildung bleibt eine Geldfrage.

Doch die europäischen Humanisten sind infiziert. Die Ideen Condorcets nisten in den Köpfen von Herder und Pestalozzi, Humboldt und Fichte – und Generationen ihrer Schüler. Es ist das 19. Jahrhundert, das die Gleichheitsideen radikalisiert und in die Forderung nach einer proletarischen Revolution münden läßt. Staat und Schule werden nun konsequenter als Einheit gedacht. »Es ist wichtig, daß die kommunale Revolution ihren dem Wesen nach sozialistischen Charakter durch eine Unterrichtsform befestigt, die jedem die echte Grundlage der sozialistischen Gleichheit – die allseitige Bildung – sichert«, fordern die Pariser Communarden 1871. Und fast zeitgleich ruft auch Wilhelm Liebknecht seine deutschen Sozialdemokraten zum Handeln auf: »Wer da will, daß das Wissen allen gleichmäßig zuteil werde, muß auf die Umgestaltung des Staates und der Gesellschaft hinwirken.«[4]

Die Forderungen zielen aufs Ganze. Es ist der Sozialismus, der am Horizont wetterleuchtet.

Der Weg in die neue Gesellschaftsordnung ist ein blutiger. Im Herzen das Feuer der Achtundvierziger, im Gepäck das Manifest, kämpfen die deutschen Linken auf Barrikaden und im Parlament, später in der Illegalität und außerhalb der Grenzen Deutschlands. An dieser gerechteren Welt halten sie auch dann noch fest, als sie die Zuchthäuser der Nazis füllen, die Viehwaggons in Richtung Konzentrationslager.

Der Kampf aller Antifaschisten richtet sich nun auf ein einziges Ziel: den Sturz der Hitler-Diktatur. Im Exil und in den illegalen Zellen der KZ werden fieberhaft Konzepte für den Aufbau eines neuen, friedlichen Deutschlands entwickelt. Erziehungsmodelle entstehen, mit denen preußischer Kadavergehorsam und braunes Gedankengut samt ihren Wurzeln auszurotten sind. Das Messer ist folgerichtig beim Lehrer anzusetzen, dem entscheidenden Vermittler gesellschaftlicher Ideen.

»Der Nationalsozialismus log die deutsche Geschichte um..., und der Lehrer grenzte sich nicht ab. Der Nationalsozialismus trat die Menschenwürde mit Füßen..., und der deutsche Lehrer schwieg. Viele sahen die kommende Barbarei, aber die deutsche Lehrerschaft resignierte«[5], hallt es 1944 über den sowjetischen Äther des Nationalkomitees »Freies Deutschland«. Und auch die illegalen Arbeitsgruppen kommen zum Resultat: Sämtliche Lehrer, die den Nationalsozialismus bejaht und aktiv unterstützt haben, müssen unmittelbar nach dem Sturz der braunen Diktatur aus dem Schuldienst entfernt werden. Das neue Deutschland ist von unten her aufzubauen, durch die Erziehung der Jugend zu einem neuen demokratischen Geist.

Es ist das Jahr 1945, in dem – nach einer blutigen Geschichtstriade von Versuch/Scheitern/Hoffnung – die Idee der Bildungsgleichheit in greifbare Nähe rückt. Nun, da der Schlußstrich von außen gezogen wurde und es inmitten von Trümmern und Nachkriegschaos ohnehin einer gehörigen Portion Phantasie bedarf, sich einen Neubeginn vorstellen zu können, gilt ein außerordentlicher Kraftaufwand der beiden neu gegründeten Parteien KPD und SPD in der Sowjetischen Besatzungszone sofort dem Bildungswesen. Bereits im Oktober 1945 geben sie gemeinsame Pläne für eine demokratische Schulreform bekannt. Der Ausschluß aller NSDAP-Mitglieder aus dem Schuldienst wird sofort und konsequent vollzogen. Es ist eine Maßnahme ohne doppelten Boden; ihre Bedeutung wächst noch durch einen Blick auf die Westzonen Deutschlands, in denen die Nazilehrer zwar nicht mehr die braune Ideologie vertreten, aber viele von ihnen dennoch bruchlos weiterunterrichten dürfen.

Die Säuberungsaktion östlich der Elbe reißt große Lücken, schließlich gehörten mehr als 70 Prozent aller Lehrer der Nazipartei an.

Quasi im Schnellverfahren muß eine Berufsgruppe aus dem Boden gestampft werden: Junge Menschen mit antifaschistisch-demokratischer Gesinnung, mit wenigstens einem Grundstock an Allgemeinbildung und pädagogischem Interesse werden nun zu Neulehrern... Arbeiter, die aktiv gegen den Faschismus kämpften. Sie alle werden in notdürftigen Schnellkursen auf ihren neuen Beruf vorbereitet – von Reformpädagogen, die man im Nationalsozialismus kaltgestellt hatte und die nun wieder engagiert in ihren alten Beruf einsteigen.

Schnell muß alles gehen, der Schulalltag soll so zügig wie möglich anrollen. Humanistische Bildung zur Reinigung jugendlicher Hirne von braunem Gedankengut; Schule aber auch als Auffangbecken für physisch und moralisch Verwahrloste, angesichts einer zunehmenden Straßenkriminalität von Kindern und Jugendlichen.

Geeignete Lernmittel sind kaum vorhanden. Schule heißt also zunächst vor allem: räumen, bauen, organisieren und aufklären.

Die Hoffnungen sind groß, es herrscht Aufbruchsstimmung.

Mit Lebensmittelmarken und dem Bewußtsein ausgestattet, einen entscheidenden Platz beim Aufbau der neuen

Ordnung einzunehmen, stürzen sich Tausende junger Menschen in fremde, harte Arbeit. Von vornherein haben sie »volles Programm«: Neben der schnellstmöglichen Fachqualifikation ist an ihren Beruf auch ein ideologischer Auftrag geknüpft, der sich zu jener Zeit noch recht allgemein »gesellschaftliche Aktivität« nennt. Den Neulehrern steht eine Kette von Schulungen und Lehrgängen ins Haus, sanft-direkt werden sie in die neue Gewerkschaft gedrängt, ab 1946 zusätzlich in SED, FDJ und Blockparteien. Zudem haben sie »Volksnähe« zu trainieren, um mit den neuen Ideen nicht nur die Schüler, sondern auch die Elternhäuser zu erreichen.

Der Aufbruch wird auch juristisch verankert. Im Mai 1946 legen KPD und SPD das »Gesetz zur Demokratisierung der deutschen Schule« auf den Tisch, das allen Kindern nun gleiche Bildungschancen einräumt:

> Das Ziel der demokratischen Schulreform ist die Schaffung eines einheitlichen Schulsystems, in dem die geistigen, moralischen und physischen Fähigkeiten der Jugend allseitig entwickelt, ihr eine hohe Bildung vermittelt und allen Befähigten ohne Rücksicht auf Herkunft, Stellung und Vermögen der Eltern der Weg zu den höchsten Bildungsstätten des Landes frei gemacht wird.[6]

Im neuen Schulgesetz bündeln sich die Forderungen der Französischen mit den schulpolitischen Zielen der November-Revolution. Einheitlich, weltlich und wissenschaftlich soll die neue Schule sein. Nach dem Trauma des irrationalen faschistischen Gehorsams fällt selbst einem Großteil der bürgerlich gesinnten Pädagogen die Identifikation mit diesem Konzept nicht schwer.

Auch im Hochschulwesen herrscht Aufbruchsstimmung. Schon 1945 lassen die Sowjets die sechs Universitäten ihrer Besatzungszone wiedereröffnen, auch hier kommt das sofortige »Aus« für alle Ex-Nazis im Lehrkörper.
Die nun reichlich vakanten Stellen werden mit Persönlichkeiten besetzt, die wohl als die bedeutendsten gelten dürfen, die eine SBZ/DDR-Universität jemals zu bieten hatte. Die Aufrichtigen kehren zurück: Wissenschaftler, Künstler und Philosophen kommen aus Zuchthäusern und Konzentrationslagern, aus den Ländern des Exils. Selbst aus den Westzonen Deutschlands schwärmt herüber, wer am Aufbau eines Staates mitwirken will, der schlicht die gesamte humanistische Bildungstradition auf seine Fahnen geschrieben hat.
Für die erste Studentengeneration bricht so etwas wie eine Sternstunde an. Die Tore der Universitäten öffnen sich weit für Arbeiter und Bauern, für deren Kinder und Verfolgte des Naziregimes.
Doch auch all die anderen »Klassen« dürfen 1945 noch studieren. Hochschulverbot gibt es nur für jene, die sich während der braunen Diktatur hervorgetan hatten, ansonsten wird nach Leistung immatrikuliert.
Bald pulsieren die Universitäten. Freudig nehmen die Studenten den Aufruf zur demokratischen Mitsprache an, bilden sofort antifaschistische Studentenausschüsse. 1946 steigen erstmals demokratische Wahlen für Studentenräte; die Kandidaten der frisch geschmiedeten SED (noch keineswegs durchgehend Opportunisten) erzielen dabei weniger als 50 Prozent der Stimmen.
An den Grundschulen blüht mittlerweile die linke Reformpädagogik. Rektor Sch. aus der Zentralschule Oppelhain berichtet 1947 stolz von Demokratisierungsversuchen:

Ich halte es für äußerst wichtig, schon den Kindern in den Schuljahren 5–8 das Mitbestimmungsrecht zu gewähren. Es liegt nun natürlich daran, wie die Sache gehandhabt wird, um nicht eine »freche Horde« heranzubilden. In meiner Schule, einer achtklassigen Zentralschule auf dem Lande, ist der Tag ein Festtag, an dem die Kinder das Schülerparlament oder den Schülerausschuß in geheimer Wahl wählen dürfen. Es wird auch unterrichtlich in der Schule dadurch mehr geleistet, da sich die Kinder keinesfalls bedrückt fühlen.
(…)
Es wäre auch ratsam, daß sich das Schülerparlament in geheimer Wahl den Lehrer wählt, mit dem es die Sitzungen abhalten will.
Eine zweite Einrichtung in der Schule sind die Fragekästen, in die die Kinder ihre Fragezettel hineinwerfen können. Ich konnte feststellen, daß die Zahl der Zettel in den Kästen von Tag zu Tag geringer wird, denn die Kinder sind so frei und ungezwungen, daß sie in den Stunden und außer der Schulzeit lieber offen fragen. Sie haben festgestellt, daß der Lehrer nicht Vorgesetzter, sondern Freund ist.[7]

Doch während Direktor Sch. noch in reformpädagogischen Experimenten schwelgt, zeichnet sich eine merkwürdige Gegenentwicklung ab: die Lehrerflucht. Sie macht sich erstmals 1948 deutlich bemerkbar; im Schuljahr 1949/50 quittieren schon etwa 7000 Lehrer der Sowjetzone den Schuldienst, und im darauffolgenden Jahr sind es bereits mehr als 10 000 Lehrer, die – nach einem begeisterten Einstieg – den Beruf schnell wieder an den Nagel hängen. An dieser häßlichen Trendwende kommt auch die SED-

nicht vorbei, wenn sie später in ihren »Monumenta Paedagogica« resümiert:

> Eine akute Gefahr für die Leistungssteigerung der antifaschistisch-demokratischen Schule war die Fluktuation unter den Neulehrern, die Abwanderung von Lehrern und Lehrerinnen in die Wirtschaft. In den Monaten um die Jahreswende 1948/49 haben selbst Neulehrer, die 1945 als Arbeiter und Angestellte aus ehrlicher Begeisterung den Lehrerberuf ergriffen und sich inzwischen zu vorbildlichen und guten Lehrern entwickelt hatten, den Schuldienst wieder verlassen.[8]

Woher der plötzliche Fluchttrieb – nun, da das demokratische Programm endlich steht und aus dem knappen Staatshaushalt den Kindern und Jugendlichen immense Summen für Stipendien und Lehrmittel zufließen? Wieso hauen die Lehrer plötzlich ab – und keineswegs nur in die Wirtschaft, wie behauptet, sondern auch in den Westen?
Um diesen Vorgang (der sich bis weit in die 70er Jahre hinein fortsetzt) begreifen zu können, ist wohl ein weiterer Salto rückwärts nötig: in jenes Schulwesen, das nun ab 1948 der demokratischen Experimentierwiese offen und ziemlich brutal übergestülpt wird – das sowjetische.

Der Aufbruch ins Sowjetkollektiv

»Sowjetmacht + preußische Eisenbahnordnung + amerikanische Technik und Organisation der Trusts + amerikanische Volksbildung usw. = Σ = Sozialismus.«　　　　　　　　　　　　　　LENIN, 1918

Unter Parolen wie »Wissen ist Macht« und »Kader entscheiden alles« installieren die Bolschewiki unmittelbar nach ihrer Machtübernahme ein Bildungssystem, das von Stund an den neuen Menschen formen und zugleich jenen Wissensschub auslösen soll, mit dem sich das rückständige Agrarland in ein hochindustrialisiertes katapultieren läßt. Es umfaßt eine rußlandweite Alphabetisierungskampagne, ein Umerziehungsprogramm für Erwachsene und den Aufbau eines einheitlichen Schulsystems, das erstmals allen russischen Kindern die gleichen Bildungschancen einräumen soll.
Die kommunistische Einheitsschule – in den Jahren der Illegalität als entscheidender Hebel für den Aufbau der neuen Ordnung konzipiert – wird nun verankert für alle Zukunft. Sie bürgt für strenge Wissenschaftlichkeit statt Religion, gleiche Erziehung für Jungen und Mädchen sowie eine umfassende polytechnische Bildung. Schule ist keine Geldfrage mehr: Nahrung, Kleidung und Lernmittel werden von nun an kostenlos an alle Kinder verteilt; ein Grundsatz, an dem auch in den schweren Jahren des Kriegskommunismus nicht gerüttelt wird.
Der Einschnitt ist gewaltig – das neue Bildungssystem so grandios wie realitätsfern.
Zwar ist Gott rasch aus dem Klassenzimmer verbannt, zwar werden die Mädchen radikal aus ihrer traditionellen

»Feld-, Herd- und Wiegenmentalität« gerissen, lauschen die Vorschulkinder nun in einer Runde, die sich »Kindergarten« nennt, den Abenteuern der Roten Matrosen…
Doch damit sind die großen Probleme nicht vom Tisch. Die Eckpfeiler sind gesetzt; doch aus welchem Material soll das neue Haus gebaut werden, von dem die Bolschewiki lediglich wissen, wie es am Ende auszusehen hat?
Das einzige Mitglied der bolschewistischen Führungsgarde, das tatsächlich etwas von Pädagogik versteht, ist Nadeshda Krupskaja, die Frau Lenins. Ihr und Anatoli Lunatscharski, dem hochsensiblen Intellektuellen, wird nun die Volksbildung anvertraut. Beide verwandeln die Schule der frühen Sowjetunion in ein großes sozialistisches Experimentierfeld. Auf dem Fundament »Einheitsschule« wird getastet, gesucht und forsch ausprobiert: die gesamte Palette der westeuropäischen und amerikanischen Reformpädagogik, die Arbeitsschule, die Tolstoische Idee der freien Erziehung; in den Schulen der Ukraine blüht traditionell der Anarchismus.
Aufbruchsstimmung herrscht überall. Lehrer nehmen sich in den Kreis des Schülerkollektivs zurück, Ganztagsschulen entstehen, mit einem dynamischen Wechsel von Werk- und Schulbank; hier soll sich das Marxsche polytechnische Ideal verwirklichen, die Trennung von Kopf- und Handarbeit aufgehoben werden.
Der Aufbruch in die Schule des Kommunismus zackt bald auch in Extreme aus. Während so in einem Rayon Zensuren und Stundenpläne kurzerhand abgeschafft werden und Schüler beginnen, ihre Schule selbst zu verwalten, versetzen Pädagogen in anderen Ecken des Landes ihre Schulen schon mal in einen straff militärischen Schwung…
Das frühe sowjetische Schulwesen befindet sich in einem

fundamentalen Konflikt: Es ist der Konflikt zwischen dem gesetzten humanistischen Anspruch und einer Wirklichkeit, die dessen Umsetzung nicht zuläßt, die pragmatischere Konzepte fordert.

Denn auf die Machtübernahme folgt unmittelbar der Kriegskommunismus, mit Millionen von Hungertoten und Millionen von verwaisten, verwildernden Kulakenkindern. Mit einem Chaos, in dem sich ohnehin nur etwa die Hälfte aller Kinder in eine Schule aufrafft. Mit einem Erbe des Denkens in den Kategorien der Leibeigenschaft..., mit Bauern also, die jeder Reform der »städtischen Kommunisten« einen beinernen Widerstand entgegensetzen und ihre Kinder am liebsten gar nicht in eine Schule lassen, in der es keinen Gott mehr gibt und auch keinen Lehrer, der vorn am Pult steht und eben auch mal mit dem Ukaska, dem Zeigstock, draufhaut.

So schleppt nicht nur die Umerziehungskampagne, sondern auch die der Alphabetisierung.

Auf den Kriegskommunismus folgt die NÖP-Zeit[9] – und damit rückt der forcierte Aufbau einer Industrie ins Zentrum des Plans. Die Volkswirtschaft schreit nach Kadern, nach »roten Spezialisten«. Sie braucht qualifizierte Arbeitskräfte – massenhaft, und zwar sofort.

Bald erläßt Lenin ein regulierendes Dekret nach dem anderen und spornt und feuert das russische Volk im nimmermüden Imperativ zum Lernen an. Doch den Grundkonflikt vermag auch er nicht aufzuheben. Die Marxsche Forderung nach einer allseitigen Entwicklung des Menschen schrumpft allmählich zum bolschewistischen Wunsch.

Die junge Sowjetunion befindet sich in der Zerreißprobe zwischen Idee und Realität; einer Realität, die nicht nach der schöpferischen Gesamtpersönlichkeit verlangt, sondern nach deren spezifischer Arbeitskraft. Ein solches Spannungsverhältnis blieb den pädagogischen Denkern der Französischen Revolution ebenso erspart wie den proletarischen Vordenkern des 19. Jahrhunderts: Sie kamen nie in die Verlegenheit, ihren Staat auch aufbauen und damit humanistische Ideale an knallharten ökonomischen Forderungen selbst abschleifen zu müssen.

Der Konflikt von Anspruch und Wirklichkeit, von Individualität und Kollektivismus, ist – ohne als solcher jemals in die Öffentlichkeit zu treten – auch ein Konflikt der Perspektiven, ein Konflikt der nüchternen Gesamtintentionen um Lenin und Trotzki und den zum »Luxus Persönlichkeit« tendierenden Beauftragten für Bildung und Kultur, Krupskaja und Lunatscharski.

Die Krupskaja ist durch Reformpädagogik und Tolstoi geprägt, sie kommt zudem aus der erzieherischen Praxis. So versucht sie, zwischen Kollektiv und Persönlichkeit auszubalancieren, behauptet sie während der gesamten sowjetischen Frühphase stets auch die Perspektive von unten, d. h. die des Kindes.

Und Lunatscharski, der erste Volkskommissar des Bildungswesens? Für ihn ist »die Seele wie ein Schnittpunkt von bestimmten geistigen und sinnlichen Kraftlinien«.[10] Er, vor allem für Kultur zuständig, kämpft erbittert gegen das Herdenmäßige des Proletkults und intendiert eine »sozialistische Kultur der Zukunft, eine allgemeinmenschliche, außerhalb der Klassen stehende – eine harmonische und ihrem Typus nach klassische Kultur«. Das Kollektiv als uniforme Masse lehnt er entschieden ab. Für ihn bedeutet Kollektiv die »freie und natürliche Verschmelzung der Persönlichkeiten zu überpersönlichen Einheiten«.

Für frei und natürlich aber ist nicht die Zeit.
Daß sich die kollektivistischen Auswüchse im Schulwesen der frühen Sowjetunion in Grenzen halten, ist vor allem der Autorität dieser beiden Persönlichkeiten zu verdanken. Beide beharren bei zunehmender Kursverschiebung ins Pragmatische vehement auf einem gewissen Maß an individueller Entfaltung des Kindes gegenüber dem Kollektiv. Beide verteidigen die Schüler-Selbstverwaltung, die Ansätze von Marx, Tolstoi und der Reformpädagogik gegen eine Wirklichkeit, die zunehmend den Sowjetmenschen als Arbeitskraft fordert.
Der große humanistische Bildungsanspruch gerät in den 20er Jahren nicht aus dem Blickfeld. Dennoch erfährt er bereits in dieser Zeit seine Aushöhlung: durch die Avantgarde der Bolschewiki selbst, und keineswegs nur aufgrund ökonomischer Zwänge.

Eine neue Macht – ein neues Bildungsprivileg

»Alles, was in Rußland vorgeht, ist begreiflich und eine unvermeidliche Kette von Ursachen und Wirkungen, deren Ausgangspunkte und Schlußsteine: das Versagen des deutschen Proletariats und die Okkupation Rußlands durch den deutschen Imperialismus. Es hieße von Lenin und Genossen Übermenschliches verlangen, wollte man ihnen auch noch zumuten, unter solchen Umständen die schönste Demokratie, die vorbildlichste Diktatur des Proletariats und eine blühende sozialistische Wirtschaft hervorzu-

> zaubern. Sie haben durch ihre entschlossene revolutionäre Haltung, ihre vorbildliche Tatkraft und ihre unverbrüchliche Treue dem internationalen Sozialismus wahrhaftig genug geleistet, was unter so verteufelt schwierigen Verhältnissen zu leisten war.
> Das Gefährliche beginnt dort, wo sie aus der Not die Tugend machen, ihre von diesen fatalen Bedingungen aufgezwungene Taktik nunmehr theoretisch in allen Stücken fixieren und dem internationalen Proletariat als das Muster der sozialistischen Taktik zur Nachahmung empfehlen wollen.«
>
> ROSA LUXEMBURG, 1918[11]

Um die rückständigen russischen Massen zum »Hegemon der revolutionären Umgestaltung« zu qualifizieren, konzipiert Lenin langfristig eine Avantgarde aus talentvollen, hochintelligenten und lange geschulten Berufsrevolutionären, die den Revolutionsprozeß führen soll.
Aus ihren Analysen der russischen Streikbewegung leiten er und später auch Trotzki zudem die These ab, daß die in Rußland unterentwickelte Arbeiterklasse ihren tradeunionistischen Horizont nur dann zu überschreiten vermag, wenn die Avantgarde Idee, Bewußtsein und Taktik von oben in sie hineinträgt. Bei »Avantgarde« schwebt ihnen also nie ein Arbeiterführer in Tuchfühlung zu Masse und Werkbank vor, sondern der Elitetypus des Berufsrevolutionärs: theoretischer Kopf, Charismatiker und Administrator in einem.
Auf die Bolschewiki, die sich nach 1903 um Lenin scharen, trifft diese Charakteristik zu. Sie sind Avantgarde im besten Sinne des Wortes und doch zugleich ein Komitee von jakobinischem Zuschnitt: straff organisiert, militä-

risch diszipliniert und »der Sache« bedingungslos ergeben; der Arbeitsstil – entsprechend den Umständen der Illegalität und wuchernder Fraktionskämpfe – ist konspirativ.
»Eroberung der politischen Macht durch die Bolschewiki« heißt also für Lenin und seine Genossen von vornherein: Trennung von Avantgarde und uneinsichtiger Masse.
Das Konzept ist logisch und überzeugend..., nur hakt es plötzlich in der Praxis, halten sich die Arbeiter nach dem Februar 1917 nicht an die ihnen zugedachte Rolle. Denn als die Bolschewiki – in einem reißenden Strudel von inneren und äußeren Kämpfen – radikal entschlossen und mehr oder weniger im Handstreich das »gewaltigste Faktum des Weltkrieges« setzen, sehen sie sich bereits spontanen Volksaufständen und Streiks gegenüber, müssen sie erleben, wie die Arbeiter aus ihren Reihen Vertretungen – die Sowjets – bilden. Ein Signal von oben dazu hat es nicht gegeben.
Was tun? Spontaneität ist nicht nur nicht vorgesehen im Revolutionskonzept der Bolschewiki, sie wird als ausdrücklicher Fehler begriffen. Nicht durch Mehrheit zur revolutionären Taktik, lautet die Devise, sondern durch revolutionäre Taktik zur Mehrheit!
Wie also die Geister loswerden, die man doch gar nicht rief, wie also die Sowjets kanalisieren? Bürgerliche Demokratie – mit dem hemmend schwerfälligen Mechanismus der demokratischen Institutionen – oder straffes Diktat?
Oder »beides miteinander verquickt« – wie Rosa Luxemburg ihren russischen Genossen aus dem fernen Deutschland beschwörend zuruft..., wobei sie unter »Diktat« nicht das jakobinische à la Trotzki versteht, sondern das des Proletariats, mit »aktivem, ungehemmtem, energischem politischen Leben der breitesten Volksmassen«, mit

»allgemeinen Wahlen, ungehemmter Presse- und Versammlungsfreiheit und freiem Meinungskampf«.
Doch die Eigendynamik des Proletariats birgt den Bolschewiki derart viele unberechenbare Momente, daß sie sie sicherheitshalber abwürgen: Bereits im Frühjahr 1918 werden die Arbeiterräte entmachtet und zu Transmissionsriemen der Avantgarde umfunktioniert. Mit diesem Schnitt gerät die Not nicht nur zur Tugend, sondern wird staatliches Prinzip. »Die Bolschewiki werden selbst mit der Hand auf dem Herzen nicht leugnen wollen, daß sie auf Schritt und Tritt tasten, versuchen, experimentieren, hin- und herprobieren mußten und daß ein gut Teil ihrer Maßnahmen keine Perle darstellt«, kritzelt Rosa Luxemburg 1918 an den Rand ihres Aufsatzes »Zur russischen Revolution«. Doch mit dem Erfolg des Abwürgens verliert sich auch dessen Experimentiercharakter – und das hat für Abweichler von nun an scharfe Konsequenzen. Die Avantgarde übernimmt ein Prinzip, das in der Illegalität noch Überlebenstaktik war, das sich nun jedoch rasch zur Knute des Volkes verkehrt: Die Verschwörung wächst sich aus zur Staatsform. Das Zentralkomitee der Bolschewiki wird zum »Verschwörerkomitee im Namen eines nicht existierenden Volkswillens«, in dem »einige Dutzend Parteiführer von unerschöpflicher Energie und grenzenlosem Idealismus dirigieren und regieren..., und eine Elite der Arbeiterschaft wird von Zeit zu Zeit aufgeboten, um den Reden der Führer Beifall zu klatschen, vorgelegten Resolutionen einstimmig zuzustimmen, im Grunde also eine Cliquenwirtschaft – eine Diktatur allerdings, aber nicht die Diktatur des Proletariats, sondern die Diktatur einer Handvoll Politiker, d. h., Diktatur im rein bürgerlichen Sinne, im Sinne der Jakobinerherrschaft«.[12]

Das ist Kassandraruf und Bestandsaufnahme in einem. Rosa Luxemburgs Aufsatz erfaßt das entscheidende Drehmoment; ihre Analyse von 1918 – zu einer Zeit, da der Rucksack in Richtung Sozialismus mit Volleifer gepackt wird – ist von einer geistigen Schärfe, die ihresgleichen sucht. In einem einzigen Aufsatz beschreibt sie den Niedergang einer großen Idee bereits am Beginn ihrer Umsetzung in den Staat. Nimmt sie vorweg, was nun zur Jahrhunderttortur der osteuropäischen Linken wird: von Cliquen beherrscht zu werden, die die Idee des Kommunismus dazu mißbrauchen, sich ans Ruder zu spülen, dort festzusaugen und zu herrschen wie Ludwig in Frankreich. Die Avantgarde um Lenin – die erste und letzte kommunistische Elite – bereichert sich nicht. Und doch wird sie zum ersten Mandrill, der im Namen des Kommunismus zubeißt..., der massenhaften Antikommunismus erzeugt aus der persönlichen, verzweifelten Erfahrung der Opfer. Das Reich der Freiheit rückt nach 1918 wieder in lichte Ferne. Denn nun dampft die Lok rückwärts. Walzt die ukrainischen Anarchisten – gerade noch Seit an Seit mit den Bolschewiki im Kampf gegen die »Weiße Garde« – ebenso nieder wie die Kronstädter Kommunarden, die bis zu ihrem Untergang 1921 an der Macht der Räte festhalten...
Eine neue Ära bricht an: die Ära der kollektiven Schizophrenie. Denn von nun an wird eine Wirklichkeit behauptet, die es nicht gibt. Von nun an muß als »sozialistisch« erkannt und begründet werden, was schon 1918 wieder aus dem sozialistischen Gleis gesprungen war.
Und was bis zum Tode Lenins wenigstens noch personell für die große Idee bürgt, wandert danach zügig in die Hände einer neuen Bonzenschicht. Die Stunde der »Bürokraten und Spekulanten« bricht an, der »Sektierer, Krie-

cher und Trunkenbolde«, wie Majakowski ein Jahrzehnt später resignierend seinem Wandbild Lenin klagt. Nun »schreiten die Geblähten und Vornehmen, gespickt mit Füllfedern und Aktenzeichen, daher«.[13]
Wie wird die Schule der neuen Gesellschaft aussehen, was für eine Intelligenz wird sie hervorbringen?
»Wissen ist Macht« heißt seit der Französischen Revolution: gleiches Bildungsrecht für alle Bürger. Heißt für die Bolschewiki: massenhaftes Erstürmen aller Gipfel der Wissenschaft, freier Zugang aller Kinder zu den höchsten Bildungseinrichtungen, die kühnsten Kader auf die vordersten Plätze, für eine Gesellschaft, die endlich frei sein soll von jeglicher Ausbeutung.
Doch nach 1918 kommt nun noch ein anderer Auftrag auf die sowjetische Schule zu. »Wissen ist Macht« heißt nun auch: vorsortieren, Unruhestifter von höchster Bildung fernhalten. Zur Stabilisierung ihrer Macht braucht das ZK zuverlässige Kader der Intelligenz.
So hatte nach einer Verordnung von 1918 zunächst jeder ohne Rücksicht auf Vorbildung und Geschlecht freien Zugang zu den Hochschulen.
Doch bereits 1919 werden Einschränkungen sichtbar, die auf eine Rücknahme dieses Anspruchs hindeuten. Als Brücke zwischen Werkbank und Studium werden Arbeiterfakultäten gegründet, an denen sich immatrikulieren darf, wer eine Bescheinigung vom Fabrikkomitee oder einer kommunistischen Zelle vorweisen kann, daß er »der Klasse der Arbeiter und Bauern angehört, nicht die Arbeitskraft anderer ausbeutet und auf der Plattform der Sowjetmacht steht«. Bedingung drei gerät nun schon zur Ermessensfrage eines von oben eingesetzten Komitees.
1923 wird ein Dekret erlassen, das unerwünschte Perso-

nengruppen vom Studium fernhalten soll. Unerwünscht sind nun nicht automatisch Kulakenkinder oder die Sprößlinge der alten kleinbürgerlichen Intelligenzija (studieren darf, wer auf der »Plattform der Macht« steht). Unerwünscht an einer sowjetischen Hochschule sind 1923 also bereits auch Personen, die auf der Plattform der «Sowjet«-Macht stehen, nicht aber auf der Plattform des ZK der Bolschewiki.

Der frühe Makel der Avantgarde – ihr uneingeschränktes Diktat gegenüber der »Masse« – breitet sich als Krebsgeschwür über die Union. Kritiker werden zu »Konterrevolutionären«; für sie beginnen sich langsam die Tore der Universitäten zu schließen.

Ein neues Bildungsprivileg wird kreiert – das Bildungsprivileg für Angepaßte. Noch nicht in der Stalinschen Schärfe und nicht in der preußischen Systematik eines späteren SED-Staates. Doch es ist da, per Dekret. Und schließt nun nicht mehr, wie bisher, bestimmte Klassen von höherer Bildung aus, sondern die »Hefe« der Gesellschaft, die kritischen Geister aller Klassen und Schichten.

Die sowjetische Schule von 1923 entspricht exakt dem sowjetischen Staat von 1923 – in ihren leuchtenden sozialistischen Experimenten ebenso wie in ihrem zunehmenden Machtmißbrauch durch die herrschenden Bolschewiki.

Heimat, Partei, Stalin

Nach Lenins Tod im Jahre 1924 brechen die Diadochenkämpfe aus, die bereits seit längerem unter der ZK-Decke schwelen. Stalin, ein früher Meister des Komplotts im exakt richtigen Moment, entscheidet sie für sich. Er, der laut Lenins Testament als Kader Nr. 1 sofort auszuschalten gewesen wäre, schaltet nun selbst aus: zunächst seinen Erzfeind Trotzki, kurz darauf die Gruppe um Sinowjew, dann die um Bucharin und nach und nach alle anderen alten Mitkämpfer. Nach 1928 hat er das Zepter endgültig in der Hand und beginnt nun, von der Wurzel her zu roden.

Für die Schule heißt das: Schluß mit der weichen Welle, mit der Orientierung auf kindliche Individualität. Die Krupskaja wird in den Ehrenschrein der Bedeutungslosigkeit verbannt, anstelle des Intellektuellen Lunatscharski schickt Stalin 1929 einen Armeegeneral an die Schulfront. Nun halten militärische Disziplin und straffes Leistungsprinzip Einzug in die Sowjetschule; Schülerselbstverwaltung, Marxsche Arbeitsschule und »Erziehung ohne Zwang« sind passé.

Nur wenige Jahre braucht Stalin, um die Schule endgültig von »reformistischen Auswüchsen« zu säubern. Nach 1931 sind nicht nur sämtliche reformpädagogischen Konzepte der 20er Jahre liquidiert, sondern auch zahlreiche ihrer pädagogischen Vertreter.

Dieser radikale Kurswechsel bringt doppelten Gewinn. Zum einen beschleunigt er den Aufbau der Wirtschaft, die von nun an in Fünfjahrpläne gefaßt wird, zum anderen dient er der Stabilisierung der Macht Stalins. Beide Ziele lassen sich über die gleichen Methoden erreichen: straffer Zentralismus, systematische Lehrpläne und Frontalunterricht, frühzeitige Spezialisierung unter der biegsamen Parole »Wissen ist Macht«.

Lehrer und Erzieher werden nun hart in die ideologische Zange genommen. Ihre oberste Pflicht: revolutionäre Wachsamkeit und der unversöhnliche, entschlossene

Kampf gegen die niederträchtigen Feinde des Volkes – die Gegner Stalins – sowie die Erziehung im Geiste des Hasses. Die niederträchtigen Feinde – das sind all jene Bürger, die Stalins Methoden kritisieren. Im Laufe der 30er Jahre werden sie als »Revisionisten«, »Trotzkisten« oder »Konterrevolutionäre« verbannt, erschlagen, erschossen – darunter auch Tausende von Lehrern, Studenten und Schülern. In einem fiebrigen Klima der Aufstachelung, des Personen- und Fahnenkultes, der Appelle und Massenaufmärsche werden Kinder und Jugendliche auf eiserne Disziplin, ein Stachanowsches Arbeitstempo[14] und Patriotismus eingeschworen.

Es ist das Jahrzehnt des Wirtschaftsaufschwungs der Sowjetunion. Und es ist das Jahrzehnt der massenhaften Denunziation, der Angst und der Heuchelei, des hohlen Pathos. Der neue Mensch wird geformt, er soll »denken wie Lenin, handeln wie Stalin und arbeiten wie Stachanow«. Tatsächlich jedoch soll er sich als uniformes Schräubchen in den riesigen Industrialisierungsprozeß einfügen – mit einem Pawlowschen Reflex von »Ich bin nichts, mein Kollektiv ist alles«.

Das will erzogen sein.

Da wird Polytechnik zum pragmatischen Probierfeld, Vernunft zur befohlenen Wissenschaftsgläubigkeit, da gerinnt der Marxismus/Leninismus/Stalinismus endgültig zur säkularisierten Religion. Eigenes Denken hat nun tödliche Konsequenzen.

Die Schule der Sowjetunion – vom Aufbruch der Bolschewiki bis hinein in die Stalinära – weist eine konsequente Abwärtslinie hinsichtlich ihres gesetzten humanistischen Bildungsanspruchs auf. Parallel aber zum Tempo, in dem dieser aus der Sowjetgesellschaft verschwindet, nehmen die

Propagandaschlachten zu, mit denen er als bereits eingelöst bejubelt wird.

»Welcher individuelle Anspruch muß auf später verschoben, welche Werte aber müssen selbst über die Durststrecke des forcierten Wirtschaftsaufbaus behauptet werden, um auf dem Weg nicht das Ziel aus den Augen zu verlieren?« Diese Grundfrage bewegte noch die gesamte Pädagogik der 20er Jahre. Die der 30er Jahre nicht mehr. Nach 1929 spielt es keine Rolle mehr, ob die Arbeitskraft ein allseitig gebildeter Mensch ist oder nicht. Spielt es keine Rolle mehr, ob ein Ingenieur oder Wissenschaftler in seiner Freizeit Dante oder Dostojewski liest. Ausschlaggebend wird nun einzig, mit wieviel Prozent die Arbeitskraft ihre Norm übererfüllt, welche technologischen oder wissenschaftlichen Gipfel sie erstürmt (wobei die Gipfel stets eine Vorgabe von oben und auch dann zu erstürmen sind, wenn sie sich als bröckelnde Halde erweisen).

Die Fahne des Kommunismus knattert, die sowjetische Jugend schwingt Reifen und Hammer zu Ehren Stalins, zu Ehren des Kommunismus.

Stalin leuchtet bald anstelle Gottes am Firmament – der Kommunismus aber ist nun nicht einmal mehr am Horizont zu erspähen.

Am Horizont Europas tauchen dagegen die deutschen Faschisten auf.

Sie versetzen die sowjetischen Bürger in Angst und Schrekken, denn neben dem »Weltjudentum« sind sie es, die »bolschewistischen Untermenschen«, die von der faschistischen Propaganda als ausschlachtbarer und schlachtbarer Hauptfeind ausgemacht werden.

Der Antifaschismus gerät scheinbar zum glaubwürdigsten Moment der sowjetischen Erziehung der 30er Jahre. Hier –

und nur hier – stimmen sowjetische Propaganda und Wirklichkeit zunächst tatsächlich überein: Die Vorgänge in Deutschland sind derart barbarisch, daß sie nicht erst erfunden werden müssen. Doch das Ausmaß, in dem der Feind am Horizont nun in die sowjetische Erziehung einfließt, verrät noch eine andere Stoßrichtung: Das Auge des jungen Sowjetbürgers soll nach draußen – und damit von den deutlichen Parallelen zwischen Stalin-Diktatur und deutschem Faschismus – abgewendet werden.
Denn nach dem Mord an Kirow[15] im Jahre 1934 – dem Auftakt zur großen »Säuberung« – wächst sprunghaft die Zahl jener Kampagnen, in denen unschuldige Menschen nicht nur als »Trotzkisten« und »Konterrevolutionäre«, sondern auch als »Landesverräter«, »Volksfeinde« und »internationale Spione« verhaftet werden. »Internationale Spione« gibt es viele. Ob jüdische Ärzte oder Tschetschenen, Krimtataren oder Deutsche – sie werden jeweils gleich massenhaft »entlarvt«, deportiert und oftmals umgebracht.
Ende der 30er Jahre jedoch, zur Zeit des Komplotts von Stalin und Hitler, erfahren die sowjetischen Schüler plötzlich höchst Lobenswertes über Deutschland, schwenkt die Propagandawalze kurzzeitig um. Das wiederum ändert sich schlagartig mit dem Überfall der deutschen Faschisten auf die Sowjetunion. Jetzt greift die Abschreckung »Deutsch = Faschist« derart, daß 1941, als alle Deutschstämmigen zu »Volksfeinden« erklärt und in die Steppe des Hinterlandes verfrachtet werden, kaum noch jemand am Wahrheitsgehalt dieses pauschalen Schuldspruches zweifelt. Anderen Nationalitäten ergeht es ähnlich.
Selbst im dicksten Blutbad behauptet Stalin sein Schlachthaus noch als »kommunistisch«. Das garantiert ihm, daß die Ähnlichkeiten zwischen seinem und dem Erziehungs-

wesen des faschistischen Deutschland gar nicht erst in die Köpfe seines Untertanenkollektivs geraten: die Gleichschaltung der Lehrer zu Propagandisten, die Massenaufmärsche der Jugend, die Uniformierung, die Demagogie.
Am 30. Januar 1933 befinden sich die Publizisten Carl von Ossietzky und Axel Eggebrecht auf dem Weg in den Berliner Norden, wo Ossietzky vor der »Liga für Menschenrechte« ein flammend antifaschistisches Referat halten will. Unterwegs stoßen sie auf die Horden der SA – marschierend im Fackelschein, berauscht vom Sieg. Offen grölen sie bereits am ersten Tag ihrer Macht eines ihrer programmatischen Lieder: »Wenn das Judenblut vom Messer spritzt, dann geht's noch mal so gut...«
Schon weit vor diesem Tag und durchaus offen appellierten die Nationalsozialisten an die niedersten Instinkte im Menschen. Germanische Rassenüberheblichkeit, Antisemitismus und Antibolschewismus sind Programm und als solches bereits Jahre vor der Hitlerdiktatur verifizierbar. Das ergab zumindest die Chance, den braunen Sud frühzeitig zu erkennen und die Konsequenzen zu ziehen.
1933 ist die Stunde des offenen Messers. Keinem Kommunisten der Welt würde es einfallen, jetzt nach Deutschland zu emigrieren.
In die Sowjetunion emigrieren viele, ahnungslos. Doch die meisten Kommunisten werden auch die Sowjetunion nicht überleben. Sie ist eine Falle. Denn was dort abgeht, ist nicht die rote Post, sondern ebenfalls Terror – im Namen eines Kommunismus, den es in der Sowjetunion nicht gibt.
Die sowjetische Wirklichkeit ist schwer zu durchschauen, weil hier nicht barbarische Parolen die Luft schwängern, sondern auf dem Stalinschen Panier die edelsten Ziele der Menschheit verschweißt sind. Sie ist schwer zu durch-

schauen, weil hier seit mittlerweile mehr als einem Jahrzehnt das vorherrscht, was nun auch über Deutschland hereinbricht: eine gleichgeschaltete Presse, eine totalitäre Lügenpropaganda.

Das Phänomen kollektiver Schizophrenie – als Resultat des Auseinanderklaffens vor behaupteter und tatsächlicher Wirklichkeit – zeichnete sich bereits zu Lebzeiten Lenins ab. Erst unter Stalin jedoch wird es zur gesamtgesellschaftlichen Normalität.

Der darin aufgehobene Erziehungsauftrag: den sowjetischen Kindern und Jugendlichen eine Realität einzuhämmern, die es nicht gibt. Das teuflische Moment dieser Erziehung: Der Drill zu Gehorsam, Selbstaufgabe und Denunziantentum, mit dem Stalin seine Macht stabilisiert, läuft ausschließlich über die Vermittlung der höchsten kommunistischen Ideale, mit denen das Kind, der Heranwachsende sich leidenschaftlich identifizieren kann.

Die Erziehung unter Stalin kommt also über den umgekehrten Weg zum ähnlichen Resultat wie die faschistische Erziehung. Beide sind totalitär. Doch während letztere sich als barbarische Ideologie auf eine barbarische Idee schiebt, wird in der Stalinschen Erziehung die großartige Idee des Kommunismus mißbraucht, um das Kind zu einem willfährigen Werkzeug zu formen. Das Braun der Nazis ist echt – das Rot Stalins nur eine Tarnfarbe.

Die Zerstörung der Persönlichkeit ist durch diese Täuschung quasi vorprogrammiert. Denn die Lüge, einmal erkannt, führt entweder zu ihrer Benennung, und damit oftmals zur Liquidierung des Erwachenden, oder zu dessen seelischer Verkrüppelung, indem er aus Angst den Rest

seines Lebens mitlügt. In jedem Fall wird, wer die Lüge benennt, auf demagogischste Weise selbst zum Lügner gestempelt und zusätzlich zur Verfolgung seiner Identität beraubt. So wird im faschistischen Deutschland ein Kommunist erschlagen, weil er ein Kommunist ist. Er stirbt vielleicht mit der Hoffnung auf eine bessere Welt und dem Bewußtsein, deren kühnster Vertreter, ein Kommunist, gewesen zu sein. In der Sowjetunion wird auch erschlagen, wer ein Kommunist ist. Da hier die Macht aber selbst auf der Vokabel hockt, muß die Realität verdreht, der Todeskandidat also noch vor seiner Exekution zum Gegner des Kommunismus verdrechselt werden.
Unter der Stalinschen Propagandawalze nimmt die kollektive Schizophrenie eine solche Dimension an, daß viele der unschuldig Hingemordeten nach der Mühle von »Kritik und Selbstkritik« mit dem verinnerlichten Bewußtsein in den Tod gehen, tatsächlich ein »Feind des Kommunismus« gewesen zu sein.
Wissen ist Macht. Die Schule als Dressuranstalt – das umschreibt jedoch nur eine ihrer Aufgaben. Ihr zweiter und ebenso wichtiger Auftrag ist der einer Sortiermaschine: »Welcher Bürger gelangt auf welchen Posten? Wer landet in Nähe jener Zentrale, von der aus der gesamte Verkehr geleitet und koordiniert wird? Wer kommt ins Stellwerk, wer auf die Lok? Und wer wird sein Leben lang Kessel heizen und Gleise wuchten?«
Von diesem Verteilerschlüssel hängt nicht nur der ökonomische Fortschritt des Landes ab, sondern auch die Stabilität der Macht. Kein Herrscher wird sich Kader in die dünne Luft der Zentrale ziehen, die ihm nicht bedingungslos ergeben sind, wird seine Macht durch Kritiker destabilisieren.

Das Prinzip der Kaderauslese wußte bereits Lenin zu schätzen – die Einheitsschule erwies sich dabei als denkbar vorteilhafte Einrichtung. Stalin aber bringt es auch hier zur Meisterschaft. Die Effektivität der Parteiarbeit besteht nach seiner Erfahrung zu $9/10$ in der »optimalen« Kaderauswahl.

Dieser Auftrag gilt auch für die Schule: Sie entscheidet, wer höherer Bildung würdig ist und wer nicht. Die Schule sortiert quasi vor. »Konterrevolutionäre« – so sie nicht liquidiert oder in ein Zwangsarbeitslager verfrachtet werden – sind am Fuße der großen Pyramide zu siedeln... bei der Erdarbeit, am Kessel. Dort verfügen sie über keinerlei Informationen. Der »Schaden«, den sie anrichten können, ist begrenzt – Wissen ist Macht und Unwissen Ohnmacht. Wer höher hinaufwill, muß bedingungslosen Gehorsam und taktische Biegsamkeit an den Tag legen. Wer zum Kader von Partei oder Intelligenz aufsteigen will, muß flammenden Auges den Stalinschen Kanon herbeten, skrupellos »Konterrevolutionäre« entlarven und höchste Normerfüllung vorweisen können. Er muß dafür bürgen, daß seine Gedanken keine eigenen Sprünge vollführen und Wissen sich nicht plötzlich als Lanze gegen die bestehende Ordnung kehrt.

Favorisiert wird nun zunehmend der Typus des patriotischen Heuchlers, des Denunzianten im Aufmarschblock. Das Bildungsprivileg für Angepaßte erhält einen zementenen Sockel – die neue Intelligenzija wird bald zu einer Auslese von Duckmäusern.

Das bedeutet strikten Funktionswechsel für Lehrer: Die optimale Kaderauslese wird zur »revolutionären Pflicht« für Lehrer, Erzieher, Komsomol und die »revolutionären« Komitees. Der Hochschulkandidat wird durch eine Mühle

von »Kritik und Selbstkritik« gedreht, der Lehrer dreht in der gleichen Mühle. Er kann jederzeit von Schülern denunziert werden und verschwinden, wenn sein Patriotismus zu lasch, sein »revolutionärer« Durchgriff zu zaghaft ist.
Um diesen Funktionswechsel rigoros durchziehen zu können, braucht es an der Spitze des Bildungswesens eben keine bolschewistischen Humanisten wie Krupskaja oder Lunatscharski – dazu braucht es die Kommandozentrale mit einem zuverlässigen General.

Exkurs:
Makarenko – der Favorit Stalins

Ein sowjetischer Pädagoge, der von vornherein auf Kollektivierung setzt und damit ins Kritikfeuer der 20er Jahre gerät: Anton Makarenko. Er schraubt den individuellen Spielraum seiner Zöglinge zurück und orientiert straff auf Arbeit. Mit diesem Konzept gewinnt er zwar wenig Freunde, leistet dafür aber genau das, woran es in der Reformpädagogik hapert: ein hohes Maß an Arbeitsproduktivität.
Sein Modell, einst unter extremen gesellschaftlichen Bedingungen entstanden und zunächst ausschließlich auf die Sozialisation von verwahrlosten Kindern und Jugendlichen ausgerichtet, wird nun von Stalin favorisiert und landesweit durchgepeitscht. In diesem Modell erkennt der Diktator die beste Methode zur massenhaften Zucht des »neuen Menschen«, der nicht durch individuelle Bedürfnisse aus dem forcierten Arbeitstempo fällt (...und auch die SED-Schule wird später Makarenko zu ihrem sowjetischen Lieblingspädagogen erklären).

Makarenko ist eines genaueren Blickes wert. Seine Biographie spiegelt den Umbruch zweier sowjetischer Erziehungsepochen – einer Phase der Pionierarbeit und einer Phase des Aufstiegs zum Schulfunktionär unter Stalin.
In Makarenkos Schriften leuchtet das Kollektivmodell als uneingeschränktes Credo kommunistischer Erziehung. Nur – es leuchtet allzu sehr, wirkt allzu glatt. Seine Schriften sind fast ausnahmslos in der Stalinzeit entstanden, die wenigen früheren Texte nachweislich »geglättet« worden.
Der Pädagoge hat sich dagegen nicht gewehrt, er ist den Versuchungen einer Funktionärskarriere ebenso erlegen wie viele vor ihm und viele danach. Seinem heftig umstrittenen Kommunemodell wird man jedoch nur dann gerecht, wenn man es aus seinem ursprünglichen Ansatz heraus begreift.
Im Jahr 1920, als Hunger, Chaos und die Anarchie der Verwahrlosung herrschen, beauftragt das Volksbildungsamt Poltava den Ukrainer, eine »Kolonie für minderjährige Rechtsverletzer« zu gründen. Eine solche Maßnahme ist dringend geboten, denn der Bürgerkrieg speit ein Heer entwurzelter Kinder und Jugendlicher auf die Straße. Es sind die Kinder gefallener Rotgardisten und erschossener Kulaken – sie betteln, töten, stehlen und gehen auf den Strich statt in die Schule. Die Tscheka[16] greift sie massenhaft auf – doch wohin mit ihnen?
Eine Kommune entsteht, ein Experiment, das von Makarenkos Überzeugung getragen ist, daß es von Grund auf schlechte Menschen nicht gibt, daß sich noch jeder zu einem guten, aufrechten Menschen erziehen läßt.
Die Kommune erhält den Namen des verehrten Freundes Maxim Gorki. Ihr werden bald zahlreiche Kolonien folgen,

manche mit ähnlichem Konzept, die meisten von ihnen von weniger militärischem Zuschnitt.
Die Basis der »Gorki-Kommune« sind Arbeit, Kommandeurspädagogik und Kollektivismus.
Tatsächlich geht es in der Kommune von Exkriminellen militärisch straff und uneingeschränkt kollektiv zu, von der Arbeit bis zur Freizeit. Die Zöglinge sind in Grundkollektive eingeteilt, die aus jeweils einem Kommandeur und etwa acht bis zwölf »einfachen« Mitgliedern bestehen. Man arbeitet gemeinsam, ißt gemeinsam, schläft in einem gemeinsamen Raum und verbringt auch die Freizeit gemeinsam. Der Tagesablauf – dessen Abschnitte jeweils durch Trompetenklang eingeweiht werden – ist streng gegliedert: produktive Arbeit, Schule, Freizeit.
Rein äußerlich erinnert das Ganze an eine Kaserne. Es gibt den Kommandeur, der für »seine« Kommunarden verantwortlich ist. Es gibt den »Diensthabenden« (hier herrscht das Rotationsprinzip), der alles wissen und alles sehen, allem Maß und Richtung geben muß, streng und straff. Es gibt den »Sanitäter vom Dienst«, der keineswegs nur Binden wickelt, sondern auch die Sauberkeit von Körper, Kleidung, Schlafsaal und Maschine kontrolliert. Es gibt Appelle und Rapporte, Militärübungen und Fahnenkult, Schuluniformen und meterlange Wandzeitungen.
Der Grundrhythmus der Kommune ist der Marsch. Ihre Basis ist die Arbeit. Gewirtschaftet wird autark und durchaus rentabel, ihren Unterhalt bestreitet die Kommune durch handwerkliche, später industriell orientierte Arbeit. So produzieren die Zöglinge in einer eigenen kleinen Holzfabrik beispielsweise Bienenstöcke, Möbel und Munitionskästen. Gearbeitet wird schon jetzt nach der späteren

Stachanow-Methode, das heißt: doppelte und dreifache Norm.

Dieses schweißtreibende Arbeitstempo ist jedoch – allen authentischen Schilderungen nach – zumindest in der Frühphase der Kommune niemals als entfremdete Arbeit begriffen worden. Jeder weiß, wofür er was fertigt, und jeder erfährt das Resultat seiner Arbeit als Verbesserung seines unmittelbaren Lebensumfeldes. Es gibt keine Trennung von Hand- und Kopfarbeit, alle denken mit, planen mit und malochen – selbst der Spiritus rector.

Die Parole »Alle Kraft dem Aufbau des Sozialismus« ist also für die Kommunarden der 20er Jahre keine sinnentleerte Phrase, sondern die folgerichtige Übertragung ihres Modells auf die ganze Sowjetunion: Leuchtend steht ihnen eine Zukunft vor Augen, in der es überall so ist wie bei ihnen – nur massenhafter und mit blitzender Industrie.

Der entscheidende pädagogische Schlüssel ist bei Makarenko die unbedingte Gleichstellung aller Kommunemitglieder; hier fließen deutlich die Vorstellungen der französischen Schuldenker ein. Im Unterschied zu aller sich später auf Makarenko berufenden Erziehung sind Funktionen keine Bestechungsposten: Keine Funktion ist mit irgend einem Privileg verbunden, selbst der Kommandeur erhält weder mehr Essen noch mehr Taschengeld, noch mehr Freizeit.

Die Kommandeure wählt Makarenko selbst aus. Doch auch sein Auswahlprinzip hebt sich kontrastreich von der Stalinschen und der späteren SED-Erziehung ab: Er wählt niemals den Typ des »Schleifers« oder den des »Schleimers«, er wählt stets die integerste Persönlichkeit der Gruppe, auch dann, wenn es die unbequemste ist. Anbiederei und Heuchelei (die Basis der ganzen späteren, sich

»sozialistisch« nennenden Erziehung) lehnt Makarenko kategorisch ab, bei Machtmißbrauch wird der Kommandeur sofort ausgewechselt.

Für Erzieher gelten die gleichen Maßstäbe wie für Zöglinge. Zwar leben sie in separaten Wohnungen, doch darf beispielsweise der »Sanitäter vom Dienst« auch diese Räume inspizieren – und zwar unangekündigt und zu jeder beliebigen Tageszeit. Auf der abendlichen Vollversammlung darf er dann den Kommunarden berichten, in welcher Ecke des Lehrers er Schmutz, auf welchem Fensterbrett er Wasserreste entdeckt hat...

Das Kommune-Experiment funktioniert also durch Gerechtigkeit und die unbedingte Integrität Makarenkos und seiner Pädagogen, die er selbst als hochqualifiziert beschreibt: »sicheres und präzises Wissen, Können, ›goldene Hände‹, wortkarges Wesen, das Vermeiden leerer Phrasen, stets Bereitschaft zur Arbeit«. Die erste Kommune-Generation lernt eins nicht kennen: die Lüge, das Auseinanderklaffen von Wort und Tat. Der überlieferte Respekt der ehemals Kriminellen vor der Autorität Makarenkos resultiert aus dessen Glaubwürdigkeit. Er und sein »Erzieherkollektiv« fordern genau das ab, was sie auch selbst leisten. Sein Verhalten ist nachprüfbar; seine »Kommandohöhe«, sein Arbeitszimmer, dürfen alle und zu jeder Zeit betreten; Probleme einschließlich ihrer Lösungen werden ohne Tabu diskutiert.

Später – Gorki ist inzwischen in bolschewistische Ungnade gefallen – erhält die Kommune den Namen Dzierzynskis, des ersten scharfen Chefs der Tscheka. Später (und besonders in den Schriften) wird Makarenkos Erziehungskonzept von einer militärisch-bürokratischen Sprache überlagert.

Mitte der 20er Jahre ist davon noch wenig zu spüren. Bemerkenswert ist beispielsweise die Einteilung der Zöglinge in drei (wohl für alle Gesellschaftsordnungen nachvollziehbare) Grundkategorien:
1. jene, die »auf das aktivste an der Gestaltung des eigenen Horoskops mitwirken und dabei vor keinen Unannehmlichkeiten zurückschrecken«;
2. jene, die »sich zwar ebenfalls durch mancherlei gute Eigenschaften auszeichnen, die aber doch nicht diese Fülle edler sittlicher Qualitäten besitzen wie die ersten«;
3. die »erdrückende Mehrheit, die nicht ausreißt und auch nichts sucht, sondern einfältigen Herzens die zarten Triebe ihrer Kinderseelen dem organisatorischen Einfluß überläßt«.[17]
Makarenko beweist nicht nur eine enorme Beobachtungsgabe, seine Sprache ist auch zu dieser Zeit noch frei von ideologischem Schwulst. Kein Wort vom »zuverlässigen Komsomolzen« – »einfältige Herzen, zarte Triebe und Kinderseele« entstammen einer anderen Begriffstradition. In seiner Charakteristik drückt sich ein interessantes Phänomen aus, dessen Parallelen sich auch in der frühen Phase der DDR-Erziehung finden: Die erste Generation der »neuen« Gesellschaft wird jeweils noch von Persönlichkeiten geprägt, die aus der alten Gesellschaft reichlich Geschichte, Lebenserfahrung und einen großen Wissensfundus herübertragen.
Obwohl Makarenko (nachdem er nicht einem einzigen Popen begegnet war, der an Gott glaubte) alles Religiöse strikt ablehnt, ist der Pädagoge durch den religiösen Humanismus ebenso beeinflußt wie durch die große russische Literatur. Seine Weltanschauung ist das Resultat einer kritischen Reflexion zweier Zeiten.

Auch die Lebensschule seines verehrten Freundes Maxim Gorki reicht weit in die »alte Zeit« zurück:

> Mich lehrten Shakespeare und Cervantes, August Bebel und Bismarck, Leo Tolstoi und Wladimir Lenin, Schopenhauer und Metschnikow, Flaubert und Darwin, Stendhal und Haeckel; es belehrten mich Marx und auch die Bibel, es belehrten mich die Anarchisten, Kropotkin, Stirner und die »Kirchenväter«, Folklore und Zimmerleute, Hirten, Fabrikarbeiter und Tausende anderer Menschen.[18]

Gerade Gorkis Einfluß auf die erste Kommune-Generation ist außerordentlich groß. In der Kolonie betreibt man nicht nur harte Arbeit, sondern auch ein kreatives Freizeitprogramm: Es gibt Sport-, Literatur-, Biologie-, Mal- und Erfinderzirkel. Über Jahre hinweg wird hingebungsvoll Theater gespielt, wobei Gorki als eine Art Mentor fungiert. Man übt Sprechchöre ein, lernt Instrumente, gründet ein Orchester. Die Kommunarden verschlingen die große russische Literatur und werten sie anschließend kollektiv aus.
Darüber hinaus gibt es immer wieder Feste, die mit großem Einfallsreichtum vorbereitet werden: Neben der Reihe neuer Staatsfeiertage und den »sozialistischen Hochzeiten« wird der ganze Erntekalender durchgefeiert, vom »Tag der ersten Garbe« bis zum »Tag des ersten Brotes«...
Eine Verklärung dieser frühen Sowjetkommune verbietet sich. Keinesfalls sollten die Verluste unterschätzt werden, die jedes Aussparen individueller Freiräume nach sich zieht. Die Kommune hat keine Individualisten hervorgebracht; Makarenko selbst bedauerte, daß aus ihr weder

Maler noch Schriftsteller hervorgegangen sind. Dennoch gelingt ihm in dieser frühen Zeit die überzeugende Vermittlung humanistischer Werte. Die einstigen Kriminellen treten ihren »Weg ins Leben« mit einem stets auch auf andere gerichteten Bewußtsein an, auffällig ist ihre hohe Sensibilität gegenüber Schwächeren. Und sie kehren später immer wieder in jene Enklave zurück, die ihnen zugleich Elternhaus war und in der sie – zum ersten und wohl letzten Mal in ihrem Leben – als Gleiche unter Gleichen lebten.

Die Gorki-Kommune ist eine Insel, der im frühen Stadium durchaus kommunistische Züge anhaften. Bei Makarenko verschmelzen Elemente des Leninschen Avantgardemodells mit Ideen der Volkstümler: Der Pädagoge lebt und arbeitet – ohne die Zügel je aus der Hand zu geben – inmitten seiner Zöglinge; er ist Basisarbeiter und ZK in einem.

Unter Stalin wird das Erziehungsmodell Makarenkos seines gesamten inneren Kerns entkleidet – übrig bleibt lediglich das militärische und kollektivistische Korsett. Aufrichtigkeit verkehrt sich in Heuchelei und bombastische Phrase und damit ins Gegenteil der ursprünglichen Idee. 1935 dann werden die Kommunen aufgelöst. Straffällige Jugendliche und Kinder finden sich von nun an in KZ-ähnlichen Arbeitslagern wieder.

»Kritik und Selbstkritik« – die Lüge der Komintern

Ohne die Traditionslinie sowjetischer Erziehung, die ab spätestens 1948/49 den deutsch-demokratischen Bildungseinrichtungen offen übergestülpt wird, ist die Funktion von Schule unter der Herrschaft der SED nicht nachzuvollziehen. Die Lehrerflucht als Dauerphänomen, die bis zum heutigen Tage anhaltende Ausreisewelle von DDR-Bürgern, die zwanghafte Wiederholung vom Hoffen auf eine sozialistische Veränderung und unausbleiblicher Resignation haben ihre Wurzeln in der eigenen deutschen Vergangenheit. Und sie haben ihre Wurzeln zugleich in der Geschichte der Sowjetunion.

Ein zweiter knapper Rückblick ist nötig, bevor wir uns wieder dem Ausgangspunkt zuwenden. Es ist ein Blick auf jene Personen, die das Stalinsche ZK schließlich für zuverlässig genug hält, Staat und Schule – wenn schon nicht in ganz Deutschland, so doch wenigstens in der Sowjetischen Besatzungszone – so aufzubauen und zu verwalten, daß sie einen stabilen Faktor des eigenen Machtbereiches darstellen: Personen wie Walter Ulbricht, Wilhelm Pieck, Paul Wandel (der erste Volksbildungsminister der DDR).

Mit ihnen gelangt 1945 ein Typus auf die Kommandohöhen der SBZ, der weit mehr als ein Jahrzehnt von einem tödlichen Apparat geprägt wurde: von der Moskauer Zentrale der Komintern, der Kommunistischen Internationale. Als III. Internationale 1919 in Moskau gegründet, formiert sie sich zu einer kommunistischen Weltbewegung, auf die nun das Leninsche Avantgardemodell ausgeweitet wird. Damit ist eine sowjetische Vorherrschaft sanktioniert, die der internationalen Arbeiterbewegung mit zunehmender

Schärfe ihr Konzept diktiert, die abweichende Strömungen und nationale Besonderheiten nicht duldet, sie nach und nach ausschaltet. Was Georgi Dimitroff, ab 1935 Generalsekretär der Komintern, auf deren VII. Weltkongreß 1935 im Schlußwort unter »Viertens« faßt: »Disziplin und bolschewistische Stählung sowohl im Kampfe gegen den Klassenfeind als auch in unversöhnlicher Haltung gegenüber allen Abweichungen von der Linie des Bolschewismus«[19], ist nicht nur der Auftakt zur großen Stalinschen Säuberung, sondern auch zu einer Serie von hinterhältigen Morden an kommunistischen »Abweichlern« außerhalb der sowjetischen Grenzen. Der Vollstreckungsarm der Komintern reicht tief in den Spanienkrieg, die Exilländer, die deutsche Illegalität...
Geräuschlos kreist das Kaderroulette. Daß 1918 die Basis für eine kommunistische Entwicklung – die Sowjets – gewaltsam gesprengt wurde, rächt sich nun über eine ganze Geschichtsepoche, in der es faktisch um nichts mehr geht als Machterhalt und Machterweiterung. »Kommunismus« wird zur Alibiformel für ein System brutaler Ausbeutung, für Cliquenherrschaft und stalinistischen Terror.
Das ZK braucht also Kader zur Machtabsicherung, es braucht den Typus des Erfüllungsgehilfen, des eisernen Funktionärs. Den findet es auch in der KPD.
In ihrem Buch »Elemente und Ursprünge totaler Herrschaft« beschreibt Hannah Arendt ein wesentliches Moment dieser Machtstruktur:

> Totalitäre Bewegungen sind mit Geheimgesellschaften verglichen worden, die sich im vollen Licht der Öffentlichkeit etablieren. (...) Gleich den Rängen in den Bewegungen beruhen die Hierarchien geheimer Gesell-

schaften auf dem Grad des »Eingeweihtseins« ihrer Mitglieder, deren Leben nach den Vorschriften einer geheimgehaltenen Lebenssicht reguliert werden, der zufolge jede Tatsache und jedes Ereignis etwas anderes »bedeutet«, als was es in Wirklichkeit ist (oder zu sein scheint).

Dieses ständige Uminterpretieren der Wirklichkeit im Sinne des Schlüssels der Eingeweihten führt notwendigerweise zu einer konsequenten Lügenstrategie gegenüber allen Uneingeweihten. Die Mitglieder von Geheimgesellschaften werden durch absoluten Gehorsam zu einem oft unbekannten und stets in ein Geheimnis gehüllten Führer zusammengehalten, der von einer kleinen Gruppe völlig Eingeweihter umgeben ist; um diese wiederum bildet der Kreis der nur teilweise Eingeweihten gewissermaßen einen Puffer-Rayon gegen die gar nicht Eingeweihten.

(...) Diese Unterscheidung zwischen Eingeweihten und allen anderen, zwischen der »geschworenen Sippengemeinschaft« und einer angeblich gegen sie verschworenen Welt ist wesentlich anderer Natur als die normale Parteienunterscheidung in solche, die dazu- und solche, die nicht dazugehören.[20]

Eingeweihter, Puffer-Rayonist oder Ausgeschlossener zu sein, andere Fraktionen per Intrige auszuschalten – das ist bis heute die unausgesprochene Handlungsanweisung jedes politischen Geschäfts, von rechts bis links. Gefährlich wird die Verschwörung dort, wo sie sich zur Staatsform erhebt, wo eine Fraktion zur Macht gelangt, allein über das gesamte Machtmonopol verfügt und ihr Handeln damit jeder gesellschaftlichen Kontrolle entzieht. Dann wird sie tödliches Diktat – besonders für die ehemaligen Genossen.

Stalin, ein Meister der Verschwörerstrategie, kommt aus dem Leninschen Trainingslager. Doch anders als dieser oder Trotzki beherrscht er nicht nur das Florett der Verschwörung, sondern auch das Stilett: die kleine schmutzige Intrige. Der Boden, auf dem Stalin gedeiht, ist die Verschwörung in der Verschwörung. Die Methode: Fraktionen des ZK werden jeweils geschickt gegeneinander ausgespielt, der Intrigant vermeidet es, sich selbst auf Dauer einer Fraktion anzuschließen, er ist mal auf dieser, mal auf jener Seite. Parallel dazu – und möglichst unauffällig – baut er sich einen eigenen kleinen Apparat auf, mit bedingungslos ergebenen Mitarbeitern. Dann wartet er auf den optimalen Moment, sich zu »setzen«.

Den begabten Intriganten zeichnet ein untrüglicher Instinkt dafür aus, wann dieser Moment gekommen ist. Um einen »Eingriff« als notwendig erscheinen zu lassen, müssen mindestens drei Bedingungen erfüllt sein:

– Der gesellschaftliche Mißstand muß eine Zuspitzung erfahren (beispielsweise die schleppende Industrialisierung der frühen Sowjetunion).
– Es muß ein starker äußerer Feind in Sicht sein (notfalls schminkt man ihm noch etwas Bedrohlichkeit an).
– Und die Fraktionsrangeleien müssen einen Kulminationspunkt erreichen (da hilft man selbst nach Kräften mit).

Die optimale Intrige setzt aber noch eine weitere Fähigkeit voraus: die Fähigkeit, sich einem anderen Führer problemlos unterordnen zu können, wenn es der Plan verlangt. Der Intrigant muß also außer einer guten Nase, maximaler Skrupellosigkeit und außergewöhnlichem Ehrgeiz auch noch über eine gewisse Portion Radfahrermentalität verfügen.

Trotzki geht diese Mentalität ab. Er (der Robespierre der russischen Revolution und mit seinen Gegnern ebensowenig zimperlich verfahrend wie dieser) behauptet scharf Stil und Bewußtsein der Avantgarde. Er verweigert den Abstieg in den Schlamm; die Methoden Stalins (die ihm keineswegs entgehen) sind ihm einfach zu primitiv. Um Revolution geht es, und nicht um kleine schmutzige Intrigen – ein Irrtum, aus dem einst Shakespeare seine Königsdramen webte, und den Trotzki schließlich mit einem Eispickel im Kopf bezahlt.

Aus seinem eigenen Aufstieg lernt Stalin, welchen Typus er nicht in seine Nähe lassen darf: eine solch ausgeprägte Persönlichkeit wie er selbst. (Und wo es sich dennoch nicht vermeiden läßt, wie im Falle Dimitroff, da hilft man später beim »Abschied« nach). Der Imperator favorisiert – sowohl für die Kommandohöhen als auch für die Puffer-Rayons – vor allem Werkzeuge. Seiner »Auslese« fallen deshalb Individualisten und kommunistische Querdenker ebenso zum Opfer wie der Typ des kühnen, unbeugsamen Revolutionärs. Dagegen erhält er sich jene, die ihm bedingungslos ergeben sind oder die wenigstens bedingungslos funktionieren – die Biegsamen, mit einem Bewußtsein für ihren Platz.

In die Sowjetunion, ins Mutterland, fliehen die deutschen Kommunisten, als Hitler an die Macht kommt. Im Zug sitzend oder auf einem Schiff, wissen sie nicht, daß sie im Exil nicht Sicherheit erwartet, sondern die »Große Säuberung«, in der Gorki wie eine Ratte vergiftet und Mandelstam wie ein Kadaver auf die Halde Sibirien geworfen wird.

Die Komintern schaufelt sich Leichenberge. Auch die Reihen der deutschen Kommunisten läßt sie durchkämmen – nach einer tödlichen Formel, die sich »Kritik und Selbstkritik« nennt. Sie wird bald zum Gradmesser für Menschenwürde. Erledigt ist, wer die Formel nicht beherrscht – wer zögert, protestiert, die falsche Partei ergreift. Wer nicht bereit und fähig ist, den Freund als »Konterrevolutionär« zu bestätigen, wenn dies beschlossen ist. Davonkommt, wer rasch die Straßenseite zu wechseln vermag, wenn er einem »internationalen Spion« begegnet, der bis soeben noch sein Freund war, sein Genosse.

So sitzen 1937 in einem Moskauer Hotelzimmer Heinz Neumann, ein hoher KPD-Funktionär, und seine Frau. Sie gehören bereits zu den Gezeichneten. Sie dürfen das Land nicht mehr verlassen, die Stadt nicht. Als »Tote auf Urlaub« sitzen sie – panisch gemieden von Freunden und Genossen – in ihrem Hotelzimmer und warten, Monat für Monat, Nacht für Nacht. Auf jenen Moment, in dem »sie« endlich kommen.

Heinrich Kurella, ein KPD-Redakteur mit nunmehr verantwortungsvollem Posten in der Komintern, begeht einen tödlichen Fehler – er besucht die Verfemten. Und zwar nicht nur einmal. Auf einer Parteiversammlung zur Rede gestellt, antwortet Kurella tapfer: »Heinz Neumann ist mein Freund. Darum besuche ich ihn täglich.«[21]

Kurellas Standhaftigkeit ist sein Todesurteil. Er verschwindet in Sibirien, ebenso wie sein Freund Neumann – beide für immer. Margarete Buber-Neumann wird zunächst in ein Lager Stalins verschleppt und später Hitler zum Geschenk gemacht – sie überlebt als eine von wenigen im KZ Ravensbrück.

Von Gefühlsduseleien wie Kurella ist beispielsweise Wilhelm Pieck nicht angekränkelt. Mit dem Instinkt für die Zeichen der Zeit läßt er seinen Kampfgenossen Neumann vorbildlich früh fallen: Pieck bleibt im engeren Zirkel des Puffer-Rayons, er gehört zur Stalinschen Auslese.
Als Favorit des Diktators gilt auch Walter Ulbricht. Die Methoden, mit denen sich der kleine Leipziger Funktionär in den 20er Jahren an die Berliner KPD-Spitze hocharbeitet, weisen auch bei ihm auf eine ausgeprägte Begabung zur Intrige hin.
1933 geht er ins Moskauer Exil und übernimmt dort das Auslandskomitee der Komintern. Mit welchen Mitteln er es schafft, fast sämtliche seiner Parteikontrahenten auf einmal auszuschalten, beschreibt Margarete Buber-Neumann als Zeitzeugin in den »Stationen eines Irrwegs«:

Die KPD war nach der Machtergreifung durch die Nazis zur illegalen Partei geworden. Als eine revolutionäre antifaschistische Partei setzte sie ihren Kampf gegen die Faschisten natürlich unterirdisch fort. Die Führung dieser illegal kämpfenden Partei befand sich jedoch im Ausland. Und nicht nur von Paris, Prag oder Saarbrücken aus sandte man die politischen Direktiven nach Deutschland, auch die Komintern in Moskau hatte ein gewichtiges Wort mitzureden. Das hieß, daß ununterbrochen an die Komintern Berichte über die Lage der illegalen KP in Deutschland gegeben werden mußten. Nach der politischen Analyse Moskaus sollte nun freilich das Naziregime das erste Jahr nicht überleben. Die Komintern unterschätzte seine Stärke auf geradezu verbrecherische Weise. Wie leicht Moskau der Illusion verfällt, hat sich bei zahllosen anderen Gelegenheiten gezeigt. Hat die vom Kreml als allein gültig anerkannte Analyse erst einmal etwas vorausgesagt, dann mag die Wirklichkeit aussehen, wie sie will. Ihr zuliebe wird nicht etwa die Analyse verändert, sondern die Wirklichkeit wird so lange zurechtgebogen, bis sie zu den Vorhersagen der Analyse »paßt«.

Moskaus Glaube an den baldigen Untergang der deutschen Faschisten verlangte daher eine Berichterstattung, die nicht etwa wahrheitsgetreu, sondern diesem Glauben angemessen war. Die Berichte, die vom Auslandskomitee in Paris aus nach Moskau gingen, sprachen keineswegs davon, daß der organisatorische Zusammenhalt in der illegalen KP schon sehr bald nach dem 30. Januar 1933 vollkommen zusammengebrochen war und daß sich der wahrhaft todesmutige Widerstand auf ganz kleine Gruppen, häufig sogar auf einzelne Genossen beschränkte. Diese bitteren Wahrheiten verschwieg das Auslandskomitee, teils um der Kritik des Kreml zu entgehen, teils auch, weil es fürchtete, kein Geld mehr aus Moskau zu erhalten, falls die wahre Lage bei der Komintern bekannt wurde. Ein Mitglied des Auslandskomitees überbot das andere an Schönfärberei, es gab kein Halten mehr. Eine Lüge zog die nächste nach sich, und bald hatten sich die meisten leitenden Funktionäre des Auslandskomitees in ein ganzes Gewebe von Lügen verstrickt.

Nur Ulbricht mitsamt seiner Gruppe, deren Stärke sich zu derjenigen seiner Gegner im Auslandskomitee wie eins zu drei verhielt, nahm an den allgemeinen Spielen nicht teil. Er sah zu, wie sich die übrigen immer mehr hineinritten, sah aber nicht allein zu, sondern trieb sie auch noch an, indem er etwa an die von allen gefürchtete

Möglichkeit erinnerte, daß bei ehrlichen Berichten das Geld aus Moskau ausbleiben könne. Er schickte selber Leute nach Deutschland mit dem Auftrag, »positive« Darstellungen der Lage zu verfassen, sie aber nicht bei ihm, sondern bei Mitgliedern der gegnerischen Gruppen abzuliefern...
Dann schickte er ihm ergebene Leute zur illegalen Arbeit nach Deutschland, denen er den Auftrag gab, an ihn persönlich nur die ungeschminkte Wahrheit zu berichten. So sammelte er selber ein reichhaltiges Material, das der Wahrheit recht nahe kam, und wartete geduldig den Zeitpunkt ab, an dem er es benutzen konnte, um seine Gegner zu vernichten.
Dieser Augenblick kam schließlich im Jahre 1935. Inzwischen hatte die Komintern einsehen müssen, daß an ihren Voraussagen etwas nicht richtig gewesen sein mußte. Sie witterte Unrat, und es bedurfte nur eines Winkes von seiten Ulbrichts an das Exekutivkomitee der Kommunistischen Internationale, um den Stein ins Rollen zu bringen. Ulbricht beantragte eine Untersuchung der wirklichen Lage in Deutschland, und prompt wurde das gesamte Auslandskomitee nach Moskau zitiert. Die übrigen Mitglieder ahnten nichts Böses, und Hermann Schubert, der einen umfassenden Bericht geben sollte, log, daß sich die Balken bogen, und bezeichnete alle die haarsträubenden Märchen, die man der Komintern bis dahin aufgetischt hatte, als die reine Wahrheit.
Das war der Moment, auf den Ulbricht gewartet hatte. Seelenruhig zog er sein eigenes Material aus der Tasche, unterbreitete es dem Exekutivkomitee und »entlarvte« seine Gegner als bewußte Fälscher. Der Erfolg seiner

Niedertracht war durchschlagend. Fast alle Gegner Ulbrichts erhielten keine Ausreisevisen, mußten in Moskau zurückbleiben und fielen zum größten Teil der Großen Säuberung zum Opfer. Mit einem einzigen sorgfältig vorbereiteten und wohlgezielten Hieb hatte Ulbricht den gesamten Parteiapparat zerschlagen.[22]

Ulbrichts Gegner sind seine KPD-Genossen.
Da er selbst Stalin bedingungslos ergeben ist und jeden seiner Schwenks mit eiserner Härte nach unten durchdrückt, gelangt er neben Wilhelm Pieck bald in den inneren Ring des Puffer-Rayons, in den Zirkel der fast Eingeweihten.
Zu diesem engeren Zirkel gehört auch Paul Wandel, der vermutlich Intelligenteste unter den auserwählten deutschen Kadern. Daß gerade er später das Schulwesen der Sowjetzone übernehmen wird, zeigt die außerordentliche Bedeutung, die diesem Bereich beim Aufbau eines Deutschlands nach Sowjetmodell zukommt. Wandel (dem nach dem XX. Parteitag 1956 plötzlich ein Schub vom Saulus zum Paulus widerfährt und der darob von Ulbricht prompt nach China abgeschossen wird) gilt als Experte der verschwörerischen Kominternstrategie. Im geheimen Schulungslager der Komintern, in dem zuverlässige Kader aus verschiedenen Ländern unter Decknamen auf die Strategie eingeschworen werden, befindet sich auch der junge Wolfgang Leonhard. Er beschreibt seinen Lehrer:

Unser Gruppenleiter und Hauptdozent war ein hochgewachsener 40jähriger Mann mit leicht ergrauten Schläfen und dunklen Augen, der mit süddeutschem Akzent sprach und sich »Klassner« nannte. Klassner war der vollendete Typ des intelligenten Stalinisten. Er besaß ein außerordentlich großes Wissen, nicht nur auf dem Gebiet des Marxismus-Leninismus, der Geschichte der Komintern und der KPD, sondern auch der deutschen Geschichte und Philosophie. Darüber hinaus hatte er sich lange Jahre speziell mit dem Balkan beschäftigt. Nichts vermochte seine kalte Überlegenheit zu erschüttern. Er konnte rücksichtslos seine besten Freunde und Mitarbeiter opfern, wenn die Führung es von ihm verlangte. Er hatte sich ständig unter Kontrolle, und unüberlegte oder ungenaue Formulierungen wären bei ihm unmöglich gewesen. Er wählte seine Worte präzis, und man konnte sicher sein, daß sie mit der offiziellen Linie haargenau übereinstimmten.

Infolge seiner überdurchschnittlichen Intelligenz war er imstande, rechtzeitig die leisesten Andeutungen einer ideologischen Schwenkung zu erkennen und dementsprechend zu handeln. Bei einer Veränderung der Linie war er bereit, von einem Tag auf den anderen seine Meinung zu ändern und mit kristallklarer Logik genau das Gegenteil von dem zu vertreten, was er am Tage zuvor gesagt hatte. Er war ein ausgezeichneter Dozent und stellte sein großes theoretisches Wissen rückhaltlos zur Verfügung, um die Direktiven, die ihm von oben gegeben wurden, zu begründen, zu erläutern und zu propagieren.

Ich wußte damals nicht, wie sein richtiger Name lautete; erst einige Zeit später erfuhr ich ihn: Paul Wandel.[23]

Wie wird das Schulwesen des neuen deutschen Staates unter der Herrschaft jener Funktionäre aussehen, die sich nach Stalins Auslese als die tauglichsten zur Errichtung eines Vasallenstaates erwiesen haben? Wie setzt sich Erziehung in einem System fort, das von vornherein auf einer Lüge aufbaut? Das jene bereits ausgespien hat, die mit ihrer Persönlichkeit für eine kommunistische Idee hätten einstehen können?

Die Ulbrichts, Piecks und Wandels sind solche Persönlichkeiten nicht. Sie sind – bei unterschiedlichem Intelligenzgrad – der perfekte Auswurf eines Apparates, der über eine konsequente Lügenstrategie permanent »Wirklichkeit im Sinne des Schlüssels der Eingeweihten« uminterpretiert.

Später, im Jahre 1979, begegne ich einmal Paul Wandel. Nach seinem Zwangsabstecher Richtung China sitzt er nun wieder in der DDR – auf einem bedeutungslosen Repräsentationsposten. Eines Nachmittags scharen wir uns als kleines Grüppchen von Regiestudenten um ihn. Geheimnisvoll wurde er von der Institutsleitung herbeiorganisiert, das Treffen gilt als eine Auszeichnung für uns.

Ich erinnere mich nicht daran, was Paul Wandel erzählte. Ich erinnere mich nur, daß er uns völlig unbekannt war, daß wir andächtig lauschten – und wenig verstanden. Es gab keine Brücke mehr zwischen uns: Die Geschichte, besonders unsere eigene, war uns bereits vermauert worden. Die Fremdheit war wohl beidseitig. Paul Wandel jedenfalls war freundlich, zeigte aber keinerlei Neugier mehr auf uns. Er saß hager auf seinem Stuhl und wirkte seltsam in sich gekehrt.

2.

Ein künstlicher Baum auf eine faule Wurzel

Der scheindemokratische Aufbruch

Im Frühjahr 1945 trifft also der erste Trupp »revolutionärer Vorhut« unter der Führung Ulbrichts in der Sowjetischen Besatzungszone ein, er soll das Leben der deutschen Bevölkerung so rasch wie möglich in normale Bahnen lenken.
Doch die Gruppe um Ulbricht hat auch einen Langzeitauftrag: Unter dem verschwörerischen Motto »Es muß demokratisch aussehen, aber wir müssen alles in der Hand haben«[24] ist die politische Arbeit im Nachkriegsdeutschland zu organisieren.
Dabei wird nach dem strategischen Konzept der Komintern verfahren. Seine Konstante: die Übernahme des Sowjetsystems. Die Variablen: Zeitpunkt und Auswahl der einzelnen taktischen Schritte sowie das territoriale Ausmaß. Im Visier ist 1945 noch die optimalste Variante: ganz Deutschland.
Neben einer Reihe von Sofortmaßnahmen als Reaktion auf das komplizierte Zickzack der Alliierten wird zügig am Fundament gemauert..., und werden lose Steine plaziert, die man später leicht umsetzen bzw. ganz aus dem Weg räumen kann.

So erfolgt schon nach wenigen Wochen die Neugründung der KPD. Die satte Mehrheit ihrer Spitzenfunktionäre (13 von 16) kommt aus dem Trainingslager der Moskauer Komintern – die KPD-Führung ist damit von vornherein in »zuverlässiger« Hand.

Mit ihrem eigentlichen Ziel hält die neue KPD-Führung jedoch zunächst streng hinterm Berg, um Sympathisanten nicht zu verschrecken. Sie geht sogar weit hinter die Ziele der alten KPD zurück und bekennt sich gerade mal zur »Vollendung der 48er Revolution« – eine Brücke, die ohne Bedenken zu bewandern ist. Bald darauf wird kräftig zur Gründung alternativer Parteien nach traditionell demokratischem Muster geblasen: Unter dem gemeinsamen Nenner »antifaschistisch-demokratisch« werden die Parteien dann zum Blockschluß ermuntert (und lassen sich dadurch später effektiver gleichschalten).

Für die Nichteingeweihten (und das sind wohl alle außer dem Kreml und der neuen KPD-Führung), wirkt das Jahr 1945 wie ein Aufbruch in die Demokratie. Und doch handelt es sich lediglich um ein taktisches Intermezzo: Es verschafft der Gruppe um Ulbricht eine Massenbasis und jenen zeitlichen Vorlauf, den sie benötigt, um die entscheidenden Machtressorts aus den Händen der sowjetischen Militäradministration in die eigenen gleiten zu lassen.

Die KPD-Führung von 1945 stellt die deutsche Equipe einer bereits im vollen Licht der Öffentlichkeit etablierten Geheimgesellschaft dar, wie Hannah Arendt sie beschreibt: Fast jeder ihrer Schritte bedeutet in Wirklichkeit etwas anderes, als sie öffentlich vorgibt.

Auch die hierarchischen Strukturen der Geheimgesellschaft bleiben erhalten.

Da gibt es den omnipotenten (sowjetischen) Führer, zu

dem nur ein winziger Kreis Zugang hat. Ein Führer, mit einem göttergleichen Image versehen, der über seinen Greueltaten makellos thront. Dessen Glanz sich durch den Großen Vaterländischen Krieg noch steigerte, in dem Stalin massenhaft Menschen verheizte, verhökerte, in die Steppen verschob. Der auf seine Propagandawalze rollte, was dem sowjetischen Volk, den Soldaten der Roten Armee an Hochachtung gebührte: mit beispiellosem Kraftaufwand und unter schwersten Opfern das kaum noch Menschenmögliche geleistet zu haben – die deutschen Faschisten zu stoppen und die Marschrichtung umzukehren.

Und da gibt es den kleinen Zirkel der Eingeweihten – eine Handvoll straff geschulter Kominternkader –, der nun als »Avantgarde« in der Sowjetischen Besatzungszone etabliert wird.

Es gibt den gestaffelten und personell variablen Puffer-Rayon, der zwar nur mit Teilinformationen gefüttert, dem aber stets das Gefühl des »Eingeweihtseins« vermittelt wird, um ihn in maximaler Bereitschaft zu halten.

Und dann gibt es die große Masse der Nichteingeweihten – ihr steht über kurz oder lang ein böses Erwachen bevor. Denn was der Nichteingeweihte meist nicht einmal ahnt, weil auch die KPD-Propaganda auf Geschichtsverfälschung und Täuschung der Öffentlichkeit beruht: Die blutige Geschichtsschleppe zieht sich nicht nur aus der eigenen deutschen Vergangenheit herüber, sondern auch aus einem Vierteljahrhundert sowjetischem »Kommunismus«.

Täuschung der Öffentlichkeit gehört auch in der Bildungspolitik zum Kampfarsenal der neuen KPD-Führung. Zwar übernimmt sofort Paul Wandel die Kommandohöhe

des Schulwesens (!), doch zeigt dies sich zunächst im schönsten demokratischen Gewand. Da ist das neue Gesetz, das auch juristisch allen Kindern gleiche Bildungschancen einräumt. Da sind die klar antifaschistische Schulorientierung und eine Reformpädagogik, die alle Chancen bietet, schöpferische Mitgestalter einer neuen Gesellschaftsordnung zu formen. Einer Gesellschaftsordnung, die nach dem Wunsch vieler Antifaschisten eine sozialistische sein soll.
Das Erwachen jedoch ist vorprogrammiert – für Schüler, Studenten, für Lehrer. Denn was der Rektor der Zentralschule Oppelhain und seine Kollegen nicht wissen: Die Reformpädagogik ist eine Übergangslösung bis zu jenem Moment, da die neue KPD-Führung über die entsprechenden Machtmittel verfügt, um ihr Schulkonzept durchzudrücken.
Die bildungspolitische Zurückhaltung der Ulbricht-Gruppe hat einen doppelten Grund. Zum einen erfordert es die rasche Machtübernahme, Prioritäten zu setzen – die aber liegen in diesem Stadium eindeutig im Aufbau der Wirtschaft und im Aufbau eines schlagkräftigen Staatsapparates.
So faßt die KPD-Führung zwar von vornherein die Korrektur ihrer – gemeinsam mit der SPD entwickelten – Bildungspolitik ins Auge (bereits ab Sommer 1945 beginnt sie, fieberhaft und systematisch ein Schulungsnetz für Funktionärskader aufzubauen), doch rangiert die Schule zunächst deutlich auf Platz drei in der Prioritätenliste.
Darüber hinaus dient der weiche Bildungseinstieg als Einstiegsköder: Die SPD soll für eine Fusion mit der KPD präpariert werden.

Diese Verschmelzung ist von der Schwesterpartei ursprünglich selbst angestrebt worden, die Absicht aber gerät zunehmend ins Wanken. Der Erbfeindkonflikt zwischen KPD und den »Sozialfaschisten« (so KPD-Sprache vor 1933) hatte Hitler letztlich zur Macht verholfen. Das Trauma sitzt tief, SPD und viele Altkommunisten gehen daher nach dem faschistischen Zusammenbruch sofort aufeinander zu. Das Einheitsangebot wird von der KPD-Führung zunächst ausgeschlagen: Durch den ersten großen Zulauf deutet sich ihr die Chance einer Alleinherrschaft an. Binnen weniger Monate verschiebt sich jedoch die Zuwachsrate zugunsten der SPD – und sofort verkehrt sich auch die Interessenlage. Die Ulbricht-Gruppe sieht nun ihre Aussicht auf die sofortige Alleinherrschaft schwinden und ändert die Strategie: Alleinherrschaft scheint jetzt nur noch möglich über das Einschmelzen und anschließende Aufweichen der SPD von innen. Die Zeit drängt, und die Sowjets drängen. Denn je deutlicher sich die Begünstigung der Ulbricht-Gruppe durch die Sowjets abzeichnet, desto lauter werden die Stimmen in der SPD, die vor einer Verschmelzung der beiden Parteien warnen. In einer solchen Situation ein Schulmodell durchzudrükken, das schon aufgrund seiner Uniformierung auf allgemeinen Widerwillen stößt, wäre ein Fehler, der in letzter Minute die »Einheit« zum Kippen bringen könnte – ein solch taktischer Fehler aber unterläuft den gewieften Kominternstrategen nicht.

Aufgeschoben heißt auf stalinistisch aber niemals aufgehoben. Sofort nach der Vereinigung der beiden Parteien zur SED (der »brüderliche« Händedruck vom Frühjahr 1946, der kurz darauf die SPD in die Knie zwingt, bleibt uns im Oval des Parteiabzeichens erhalten) beginnt nicht nur die

scharfe Aufweichung sozialdemokratischen Gedankengutes, sondern auch die zielgerichtete Korrektur der ursprünglich gemeinsamen Bildungskonzeption.
Daß die KPD-Führung von vornherein auf eine andere Konzeption setzt, zeigt sich in der späteren Geschichtsschreibung der SED-Pädagogik, in der das Schulgesetz von 1946 als »vages, wenn auch progressiv-bürgerlich gehaltenes Dokument« abgehakt wird, dem die »*entscheidenden* Fragestellungen noch fehlen...«[25]
1946 vermeidet die Ulbricht-Gruppe die »entscheidenden« Fragestellungen noch, plaziert dafür aber eine Reihe loser Bausteine, die sich schon bald darauf als feste erweisen.
So gründet sie im gleichen Jahr die FDJ, die eine politische Orientierung zunächst strikt vermeidet, deren Kommandohöhe aber sogleich mit einem zuverlässigen Jugendfunktionär besetzt wird, mit Erich Honecker. Über unverfängliche, allgemein demokratische Forderungen wird die Jugend in den Verein gelockt: Da geht es um Herabsetzung des Wahlalters auf 18 Jahre, um Verbesserung des Arbeitsschutzes, um gleichen Lohn für gleiche Arbeit. Darüber hinaus gibt sich die FDJ, da andere Jugendvereine in der Sowjetischen Besatzungszone gar nicht erst zugelassen werden (!), zu diesem Zeitpunkt weltanschaulich äußerst tolerant, pflegt beispielsweise gute Kontakte zu Jungen Gemeinden und Evangelischen Studentengemeinden.
Wieder wird also eine Brücke gebaut, über die viele gehen können.
Das gleiche passiert mit dem harmlosen »Kinderland«, das ebenfalls 1946 gegründet wird (und schon ein Jahr später zur »Kindervereinigung der FDJ« avanciert und

sich ein weiteres Jahr später dann endlich in die »Jungen Pioniere« verwandelt).

Und weitere Bausteine werden plaziert, die sich später als Fundament erwiesen: Neben die bestehenden Schulapparate setzt man – scheinbar zur Verstärkung – neue, wie beispielsweise das Pädagogische Institut. Auch hier lanciert die Ulbricht-Gruppe von vornherein zuverlässige Funktionäre an die Spitze. Nach dem erprobten Verfahren: »Etwas Neues neben das Bestehende setzen / dieses dem Bestehenden langsam überstülpen / das Bestehende schließlich ganz auflösen, weil es nun ›überflüssig‹ geworden ist« wird zwischen 1946 und etwa 1952 das gesamte reformpädagogische Konzept in der Sowjetzone systematisch ausgeschaltet.

Eine Schlüsselrolle bei der geplanten Konzeptionsverschiebung kommt wiederum dem Lehrer zu. Und was sich da zunächst im Schulwesen breitmacht, bereitet der Ulbricht-Gruppe Bauchschmerzen. Zwar hält Paul Wandel die Kommandohöhe besetzt – doch wen soll er anweisen? Die Posten unterhalb der Kommandohöhe sind fast durch die Bank mit Reformpädagogen besetzt, mit Altkommunisten, Sozialdemokraten, gar Liberalen... Eifrig schlagen sie sich mit Clara Zetkins »Mannheimer Leitsätzen« herum, mit Otto Rühles individualpädagogischem Konzept, mit Marxens Arbeitsschule. Sie bilden den Lehrernachwuchs reformpädagogisch aus und arbeiten praktisch ausschließlich mit der Literatur aus der Zeit vor 1933 – der einzig brauchbaren, die zur Verfügung steht. An das sowjetische Schulwesen will niemand anknüpfen.

Das Ruder in der Lehrerausbildung herumreißen: ein entscheidender, aber zäher Prozeß. Mit Befehlen helfen die Sowjets nach, die Ulbricht-Gruppe ergänzt mit einer zunehmenden Flut von Anweisungen. Sie laufen alle auf das eine Ziel hinaus: zentralisierte und streng wissenschaftliche Ausbildung sämtlicher Lehrer der Sowjetzone an dafür einzurichtenden Fakultäten und Instituten.

»Streng wissenschaftlich« bedeutet zweierlei. Es bedeutet zum einen: einschwören des gesamten Lehrkörpers auf Linie, auf Marxismus/Leninismus/Stalinismus. Und es bedeutet zugleich Fachunterricht in hoher wissenschaftlicher Qualität, um den Aufbau der Wirtschaft zügig voranzubringen. Denn hier machen die Stalinisten (analog ihrem Vorbild) die zweite Schwäche der Reformpädagogik aus: Sie ist nicht nur ideologisch lasch – sie hemmt, da sie mehr auf Universalität als auf Spezialisierung setzt, auch den forcierten Aufbau der Industrie.

In den ersten Nachkriegsjahren driftet das Schulwesen der Sowjetischen Besatzungszone also in Richtung einer demokratischen Entwicklung mit reformpädagogischem Einschlag. Die neue KPD-Führung muß sich zunächst dringenderen Aufgaben stellen, sie muß vor allem so rasch wie möglich die Machtfrage für sich entscheiden. (Mit der Parteienvereinigung, einem irreparablen Fehler der SPD, dürfte der entscheidende Schritt vollzogen sein – der Rest ist nun eine Zeitfrage.)

Die Gruppe um Ulbricht und Pieck legt bei diesem Machtkampf ein außergewöhnlich taktisches Geschick und eine außergewöhnliche Hinterhältigkeit an den Tag. Der Vorteil ihrer Ausgangsposition liegt zum einen in der absoluten Rückendeckung durch die Besatzungsmacht. Ihr zweiter Vorteil gegenüber allen »Nicht-Moskau-Geschulten«: Sie ist ein eingespieltes, gut trainiertes Komintern-Team, das die Oder mit einer glasklaren Vorstellung von der Zukunft Deutschlands überflog; das seine Konzeption –

ganz Verschwörungsstrategie – nicht offenlegt, sondern selbst die eigenen Genossen hintergeht, besonders jene, die unter Einsatz ihres Lebens tatsächlich Widerstand in Deutschland leisteten.

Heinz Brandt, Kommunist seit 1928 und fast die ganze Nazizeit über in Zuchthäusern und KZs, zählt folgerichtig zu diesen Nichteingeweihten. In seinem Buch »Ein Traum, der nicht entführbar ist« beschreibt er sein Unbehagen nach ersten Erfahrungen mit den Genossen:

> Mißtrauisch beäugen uns die »Moskauer«, Unentwegte, Leute von der Gruppe Ulbricht, uns Daheimgebliebene, uns Funktionäre, die wir niemals durch Stalins Säuberungs-, seine Gehirnwäschemaschine gegangen sind. Wir sind nicht von ihrer Kumpanei. An unseren Händen klebt kein Blut. Wir sind nicht in Stalins Verbrechen verstrickt, sind nie seine Helfershelfer gewesen – und wir haben am eigenen Leibe erfahren, was Terror ist. Wir bilden für dieses Regime, das seine dunklen Pläne noch nicht offen enthüllt, sie unter wohltönend demokratischen Phrasen verbirgt, eine potentielle Gefahr.[26]

Noch sind die Pläne nicht offen enthüllt. Das Schulwesen der Sowjetzone profitiert von seiner vorübergehenden Zweitrangigkeit. Doch spiegelt, was Jahrzehnte später noch als demokratischer Neubeginn gepriesen wird, nicht einen wirklichen Aufbruch, sondern lediglich eine Phase des Aufschubs wider.

Ende der Demokratiespiele

Bereits 1947 zeichnet sich eine Spaltung Deutschlands ab. Zwei Machtblöcke stehen sich gegenüber, die Einheit und Neutralität des Landes zunehmend realitätsfremder erscheinen lassen. Auf der einen Seite die Westmächte, voran die Amerikaner, deren scharfe Wirtschaftsinteressen das Potsdamer Abkommen zügig unterlaufen. Auf der anderen Seite Stalin, mit horrenden Reparationsforderungen für den Wiederaufbau der zerstörten Sowjetindustrie, mit einem Expansionsdrang, der sich in ersten Versuchen abzeichnet, Osteuropa zum Vasallengürtel umzuschmieden. Und was seine deutschen Vertreter östlich der Elbe bereits vorexerzieren, wirkt ebenfalls wenig vertrauenerweckend, läßt Stalins Neutralitätsvorschlag eher als kominternsche Gruselfinte erscheinen.

Die Würfel fallen vermutlich bereits nach dem Scheitern der Moskauer Konferenz im Frühjahr 1947. Die Konsequenzen der Westalliierten faßt Murphy, Clays politischer Berater in Deutschland, 1959 noch einmal zusammen: »Als unsere Delegation Moskau nach dem Fehlschlagen der Deutschlandkonferenz von 1947 verließ, vereinbarten die drei Westmächte mit den Westdeutschen die Errichtung der deutschen Bundesrepublik.«[27]

Ein halbes Jahr später, auf der Sechsmächtekonferenz in London, sind die Russen schon draußen. Der Wind des kalten Krieges zieht über Europa herauf... mit Währungsreformen und Marshallplan, Berlin-Blockade und NATO-Gründung.

Scharf stalinistisch pfeift es jetzt auch durch die Sowjetzone. Und nimmt an Schärfe zu, als Stalin in Form der »Tito-Clique« auch an der eigenen Front den Feind ausmacht.

Die Stalinisierung der Ostzone Deutschlands beginnt. Im April 1948, in einem Kreis von Fast-Eingeweihten, hält Ulbricht ein Referat über bevorstehende Veränderungen. Wolfgang Leonhard, dem Kreis noch zugehörig, beschreibt später den Beginn der Planenthüllung:

> Ulbricht sprach offen über Dinge, die teilweise erst ein halbes Jahr später »offiziell« wurden. Die wichtigsten Feststellungen seines Instruktionsreferates waren folgende: In der Zeit von 1945 bis 1947 konnten viele Fragen nicht offen gestellt werden. Die SED mußte schrittweise vorgehen, sowohl aufgrund der ideologisch-politischen Rückständigkeit in der Partei als auch aus außenpolitischen Gründen.
> Bis 1947 wurden die Grundlagen einer antifaschistisch-demokratischen Ordnung geschaffen. Jetzt, im Frühjahr 1948, da 40% der Produktion in den Händen volkseigener Betriebe liegt und der Kapitalismus entscheidend geschwächt ist, kann man diese Periode als beendet betrachten. ... Wir haben jetzt die Möglichkeit, unsere Forderungen mit Hilfe des Staatsapparates durchzusetzen.[28]

Die Machtverhältnisse verschieben sich nun im Zeitraffertempo. Per Erpressung, Appell und Gewalt wird der Bevölkerung der Sowjetkurs aufgezwungen. Über den Einsatz frisch geschulter Kader, über Unterwanderung, gezielte Verhaftungen und Neubesetzung von Spitzenämtern mit opportunistischen Funktionären werden die Blockparteien stalinistisch festgezurrt und die Massenorganisationen zum Transmissionsriemen geschliffen. Brutale Gewalt gilt jeder Abweichung vom avisierten Kurs, sie

trifft Sozis, Kommunisten und Bürgerliche gleichermaßen.
Die Ulbricht-Gruppe hat das Heft erwartungsgemäß schnell in ihrer (bzw. sowjetischer) Hand. Sie wendet nun an, was sie lange und exakt trainiert hat: Säubern und Ausheben. Innerhalb weniger Jahre säubert sie die Reihen der SED vom verhaßten Sozialdemokratismus, sie säubert in den anderen Parteien, den Betrieben und Universitäten. Sie hebelt aus, was sich ihr in den Weg stellt, und belohnt mit Privilegien, wer sich für ihre, also die »richtige« Seite entscheidet.
Argusäugig werden Kommunisten bewacht, die aus einem anderen als dem Moskauer Exil kommen, aus dem KZ oder der Illegalität.
Heinz Brandt erinnert sich:

> In diesen Tagen erfindet Ulbricht ein Schimpfwort, das so manch einer von uns insgeheim für sich akzeptiert. »Der amerikanische Geheimdienst«, so wettert Ulbricht, »hat Agenten bei uns eingeschleust. Sie tarnen sich, treten nicht offen auf, hüllen ihre negative, zersetzende Kritik in Watte. Es sind *Zeitzünder*, die eine zugespitzte Situation abwarten, um ihr schmutziges Handwerk auszuüben. Wir müssen wachsam sein, solche Feinde entlarven und unschädlich machen, bevor sie ihre Stunde für gekommen halten.«[29]

»Entlarvt« und »unschädlich gemacht« werden – wieder im Namen des Kommunismus – nun Tausende von Antifaschisten, die Demagogie hat Tradition. Mit dem Eifer der Canes stalini wird aufgespürt, wer sich nicht zum Werkzeug degradieren läßt. Viele der »Entlarvten« überlebten die Kerker der Nazis nur durch ihre Hoffnung auf die neue Zeit. Nun landen sie wiederum dort, von wo sie kamen.

Der historische Fortschritt der neuen Säuberung: Nicht mehr Millionen bezahlen sie mit dem Leben, sondern nur noch Hunderte; nicht mehr Millionen wandern in Kerker oder sowjetische Lager, sondern nur noch Tausende.

Mit »zuverlässigen« Genossen werden die lichten Parteireihen aufgefüllt. Mit jungen, ahnungslosen Kadern, aber auch mit dem Typus des Mitläufers aus braunen Tagen. Das Kriterium für »Zuverlässigkeit« ist nun nicht mehr die politische Vergangenheit, sondern einzig die Festigkeit, mit der ein Kader jetzt auf der »richtigen« Seite steht. Im Ulbrichtschen Klartext heißt das: Wer Nazi, aber kein allzu großes Tier war, kann jetzt von einer Woche zur anderen auf der »richtigen« Seite stehen, kann »Kommunist« sein. Natürlich sind dabei auch ein paar höhere Chargen wieder mit von der Partie (einer schafft binnen weniger Jahre die Metamorphose vom NS-Landgerichtsdirektor zum Obersten Ankläger der DDR), doch sind das eher die Ausnahmen. Es ist vor allem der Radfahrer, dem hier die »sozialistische« Stunde schlägt. Er darf nun – statt wie bisher mit gestrecktem Arm »Die Fahne hoch...« – mit den neuen Genossen und geballter Faust »Wann wir schreiten Seit an Seit« singen.

Das Paradox ist so deutsch wie vollkommen: Während Antifaschisten mit oft schmerzlicher Vergangenheit erneut aussortiert werden, finden Mitläufer aus der Zeit des Faschismus nun in der SED ihr neues Ordnungsmodell.

Die faschistische Vergangenheit, 1945 durch einen bedenklich glatten Schnitt von »unserer demokratischen Zukunft« abgetrennt und in jenen Teil Deutschlands verfrachtet, in dem es ohnehin noch sichtbar weiterbraunelt, wird so lediglich an den oberen Schichten abgetragen. In den Wurzeln aber bleibt sie erhalten – dort, wo die beiden »Ismen« sich kreuzen: im Untertanengeist, im Ordnungssinn. Der neue »Ismus« vertritt nun zwar die gegenteilige Ideologie zur vorherigen, doch fußt er auf einem ähnlichen Prinzip: Er favorisiert wiederum jene, die glatt und biegsam sind und anfällig für das zentralistische Auf und Ab von »Lob und Tadel«.

Auf den alten »Ismus« wird in der Sowjetzone also ein neuer gepfropft – nicht der gleiche, sondern ein dazu verkanteter. Einer mit zukunftsträchtigen Bildern.

Neben der Säuberung baut die SED ihr Schulungsnetz zum gewaltigen, straff systematisierten Apparat aus. »Marxismus/Leninismus« wird massenhaft in die Köpfe der neuen Kader von Wirtschaft und Staatsapparat gedrückt.

Ab 1948 wird nun auch hart ins Bildungswesen eingegriffen, das sich inzwischen zu einer Art Krisenherd gemausert hat. Die Befehle aus der Kommandohöhe werden zwar erteilt, aber kaum befolgt. Die meisten Lehrer halten an der Reformpädagogik fest, und an den Universitäten und neuen Hochschulen treibt das einmal gestattete Mitspracherecht demokratische Blüten. Opposition zum neuen Kurs gehört zum studentischen Alltag. Auf politischen Veranstaltungen flammen die wildesten Diskussionen auf: Studenten lassen angepaßte Dozenten auflaufen und laden sich kritische Politiker der Blockparteien (die es zu dieser Zeit noch gibt) in öffentliche Foren. An den Pinnbrettern hagelt es Proteste gegen mißliebige SED-Maßnahmen. Die ersten Pflichtveranstaltungen für Marxismus / Leninismus werden boykottiert, während jene mit oppositionell angehauchtem Programm regelmäßig überlaufen sind.

Das Selbstbewußtsein der ersten Studentengeneration ist – gemessen an den DDR-Studenten ein Vierteljahrhundert darauf – beinahe unvorstellbar. An der Rostocker Universität lehnen beispielsweise Jurastudenten eine Klausur zum Thema »Die rechtlichen Grundlagen des Volkseigentums« rundheraus als Lüge ab und verlassen geschlossen den Hörsaal...
Nein, diese Studentengeneration hat das Zentralkomitee noch nicht im Griff. Einzig in den Vorstudienanstalten für Arbeiter und Bauern, den späteren Arbeiter- und Bauern-Fakultäten, sind Erfolge der neuen Linie zu verzeichnen. Hier werden die zukünftigen Studenten nicht nur nach Klassenzugehörigkeit ausgewählt, sondern auch nach ihrer bisherigen Arbeitsleistung und politischen Einstellung. Hier schlägt sich das erprobte leninistische Auswahlverfahren zuallererst nieder; die Arbeiter- und Bauern-Fakultäten vor allem sollen Kader der künftigen sozialistischen Intelligenz rekrutieren: mit dem richtigen Klassenbewußtsein ausgestattet, linientreu. Folgerichtig werden hier auch die ersten politisch zuverlässigen Dozenten der sowjetorientierten Erziehung eingesetzt.
In den anderen Studieneinrichtungen wird zwischen 1948 und 1952 brutal aufgeräumt. Da muß zunächst mal die Jugendorganisation an die Kandare. Die FDJ, bereits 1947 mit Blauhemd und Fahne versehen, erhält nun den Auftrag, in Schule, Uni, Betrieb und Wohngebiet verstärkt politischen Einfluß auszuüben. Das lassen sich die jungen Aufbruchs-FDJler nicht zweimal sagen. Nur: Die FDJ von damals ist noch nicht die spätere glattgebürstete. Noch haben die meisten Jugendlichen eine andere Vorstellung von Sozialismus als ihr Oberfunktionär oder das Zentralkomitee. Deshalb verpaßt die Ulbricht-Gruppe

der Jugendorganisation 1949 eine neue Verfassung, die sie klar den Zielen der SED unterordnet. Auch das verlogene weltanschauliche Toleranzspiel gegenüber der christlichen Jugend wird jetzt aufgegeben. Von nun an wird Fraktur geredet, da kracht bei Agitationsauftritten schon mal eine Blauhemdfaust in ein pazifistisches Christengesicht.

1949 kommt auch das »Aus« für geheime FDJ-Wahlen; in Zukunft werden alle Funktionäre nach stalinistischer Tradition von oben eingesetzt. Damit räumt die SED-Führung einen entscheidenden demokratischen Bremsklotz aus dem Weg zum Sowjetmodell: Die Jugendlichen wählten nämlich zumeist diejenigen, die sie für die Besten hielten – statt jene, welche die Parteiführung für sie bereithielt.

Auch an Schulen und Universitäten werden die geheimen Wahlen abgeschafft; keine Interessenvertretung mehr von unten, von nun an herrscht die Einheitsliste mit von oben verordneten Kandidaten.

Diese Eingriffe in die bisherige demokratische Praxis fordern den heftigen Widerstand der Studenten heraus. Mit Manipulation der Wahlordnung, Einschüchterung, Exmatrikulation und Verhaftung kämpft die Parteiführung diesen Widerstand bis 1952 im wesentlichen nieder.

Die Grade von Gewalt fließen dabei ineinander. Da gibt es das leichtere Kampfkaliber, die ideologische Auseinandersetzung (so verfassen Philosophiestudenten eine Resolution für die »Einheit Deutschlands und einen gerechten Frieden zwischen allen Völkern der Erde« – so kontern SED-Vertreter mit der Losung »Für ein einheitliches Deutschland nach dem Vorbild der DDR und für einen demokratischen Frieden«).

Da gibt es den Durchgriff mit Steigerung: Werden zu-

nächst die Vorsitzenden der Studentenräte von oben eingesetzt, so löst die Führung – als dennoch keine Gleichschaltung in Sicht ist – die Studentenräte 1951 ganz auf und erklärt die FDJ zum einzigen Vertreter der Studenten.
Und es gibt die brutale Verhaftung von »Rädelsführern«, die mit Zuchthaus oder sowjetischem Arbeitslager endet. Hier lassen auch die Sowjets scharfe Exempel zur Abschreckung statuieren, wie beispielsweise an Arno Esch, einem Jurastudenten. Esch, ein Liberaler und Pazifist, entwickelt ein politisches Gegenkonzept zum Kurs der SED und setzt sich schwungvoll für den Ausbau der LDP in Mecklenburg ein. Als sein Einfluß unter den Gleichaltrigen sichtlich wächst, wird er (neben einigen anderen) kurzerhand verhaftet, 1950 in einem Schauprozeß nach sowjetischem Gesetz wegen »Vorbereitung des bewaffneten Aufstands« zum Tode verurteilt, in die Sowjetunion deportiert und dort erschossen.
Die Verhaftungswelle erfaßt alle Hochschuleinrichtungen der Besatzungszone; allein an der Rostocker Universität fallen ihr bis 1952 vier Studentinnen, achtunddreißig Studenten, drei Professoren und der katholische Studentenpfarrer zum Opfer. Einige erhalten hohe Zuchthausstrafen, zwei werden zum Tode verurteilt, die meisten zu fünfundzwanzig Jahren Arbeitslager in der Sowjetunion.[30]
Verhaftungen und Exmatrikulationen geraten auch an den Oberschulen auf die Tagesordnung. Am härtesten trifft es wohl eine Gruppe von neunzehn Werdauer Schülern, von denen einige sogar aus SED-Elternhäusern stammen: 1950 drückt die Ulbricht-Führung erstmals »Wahlen« für Volkskammer und Landtag per Einheitsliste durch. Als den Schülern der verlogene Propagandarummel in der Stadt – die Losungen, Pappköpfe und Aufmärsche – zuviel

wird, werfen sie Stinkbomben in FDJ-Versammlungen und verfertigen Flugblätter, die sie auf sämtliche Briefkästen ihrer Kleinstadt im Raum Zwickau verteilen. Ihre Aufrufe:

»Stimmt mit Nein gegen Stalins ergebene Diener!«
»Stimmt gegen die SED-Bonzen und für Freiheit von Furcht und Not!«
»Lehnt euch auf gegen die sowjetische Diktatur!«[31]

Hier schlagen die neuen Machtorgane massiv zu. Die Schüler werden verhaftet und im Oktober 1951 zu insgesamt 130 Jahren Zuchthaus verurteilt. In der altbekannten stalinistischen Demagogie ist auch die Anklageschrift gehalten:

> Boykotthetze gegen demokratische Einrichtungen und Organisationen, Völkerhaß und Kriegshetze, Propaganda für den Nationalsozialismus und Erfindung und Verbreitung tendenziöser Gerüchte, die den Frieden des deutschen Volkes und den Frieden der Welt gefährden.[32]

Die »Wahlen« enden (und von da an für die nächsten vierzig Jahre) mit einem Ergebnis von 99,7 Prozent Ja-Stimmen zum neuen Kurs.
Diese Phase des scharfen Rucks vom (schein-)demokratischen Aufbruch bis hin zur endgültigen Installierung des Sowjetsystems verweist – und weit über die Staatsgründung im Jahre 1949 hinaus – auf den entscheidenden Drehpunkt für alle spätere DDR-Erziehung. Angst und tief verinnerlichte Anpassung, pathologische Selbstzensur im Denken unserer Elterngeneration, haben hier ihre

nachvollziehbaren Wurzeln, in diesem Klima der Einschüchterung und brutalen Gewalt, der Flucht oder Anpassung.

Nur über Druck und Terror gelingt es der Ulbricht-Gruppe, das Schiff aus der Fahrrinne Demokratie in Richtung Stalinismus zu hieven. Die unerschütterliche Selbstdarstellung der brutalen Funktionäre als Kommunisten erzeugt westlich der Elbe einen beinernen Antikommunismus.

Angst und Verbitterung prägen bald auch das Klima an den Bildungseinrichtungen des Landes. Diese verlieren die ersten Glanzlichter ihres großen humanistischen Lehrerpotentials – viele von ihnen retten sich in die Westzonen Deutschlands hinüber. In dieser Umbruchphase vom vermeintlich demokratischen Aufbruch hin zur offenen Diktatur spiegelt die Schule den Staat vor allem über die an ihr vollzogenen Gewaltakte, im Aufeinanderprallen eines 1945 gesetzten und nun leidenschaftlich verteidigten Anspruchs – und den rabiaten Mitteln seiner Liquidierung. Denn da nun die Machtfrage im wesentlichen entschieden ist, hat auch die Schonzeit für den Lehrer ein Ende. 1949, auf einem einschneidenden pädagogischen Kongreß, wird seine neue Funktion scharf umrissen:

1. Der Lehrer hat ein Kämpfer für die Ziele der politischen Führung zu sein. Er hat die Nationale Front zu unterstützen.
2. Jeder Lehrer muß sich gegen den Krieg und für den Frieden einsetzen.
3. Jeder Lehrer hat sowjetfreundlich zu sein. Als Freund der Sowjetunion hat er sich Kenntnisse und Erfahrungen aus der Sowjetunion zu eigen zu machen.[33]

Die aufgebrummte »Freundschaft zur Sowjetunion« erzeugt durch ihren Zwang eher gegenteilige Gefühle. Die Abneigung gilt vor allem einem Schulmodell, das mit seiner Vorliebe für Appelle und Uniformen, einer straff zentralistischen Gliederung und seinem Kampfvokabular gerade in der nachfaschistischen Zeit als erschreckend empfunden wird. Die hohe Fluchtwelle von Lehrern gerade im Schuljahr 1949/50 stellt eine unmittelbare Folge dieses offiziellen Kursschwenks in der Pädagogik der SBZ dar.

Die nun rapide vollzogene Gleichschaltung des Lehrers knüpft an zwei Traditionslinien an: eine deutsche und eine sowjetische. Doch die eigene faschistische Vergangenheit ist weitgehend in den Westen abgedrängt, die stalinistische weitgehend unbekannt.

So reproduzieren die ersten Pädagogen der DDR mehr oder weniger unreflektiert sowohl den Schock der deutschen Lehrer von 1933 als auch den Schock der sowjetischen Lehrer von 1929: vom Lehrer plötzlich zum Propagandisten der Diktatur zu werden.

Viele bleiben dennoch an ihrem Platz. Sie hoffen auf Überwindung des Terrors, der »schrecklichen Irrtümer«, auf Überwindung auch des unfreiwillig übernommenen Sowjetmodells. Für eine sozialistische Zukunft haben sie gelitten und gekämpft, jetzt soll sie errichtet werden – und wo, wenn nicht hier.

In den Terror mischt sich immer wieder Aufbruchsstimmung.

Exkurs:
Interview mit dem Genossen B., einem ehemaligen Neulehrer

Frage: Wie sind Sie zum Lehrerberuf gekommen?
B.: Durch einen Freund, der war für die Wasserversorgung zuständig, der sprach mich an. Das war noch in der Mark Brandenburg. Es wurden ja dringend Lehrer gesucht, weil die Schulen gleich wieder aufmachten. Aber Unterricht war am Anfang noch nicht richtig, nicht so wie heute. Wir haben mehr organisiert und gezimmert. Und Gespräche geführt. Es gab ja am Anfang kaum Schulbücher.
Frage: Was waren das für Gespräche?
B.: Über alles mögliche. Vor allem über den Nationalsozialismus. Und unsere Zukunft. Und von irgendwoher hatten wir auch ein paar Bücher, die haben wir dann besprochen.
Frage: Und was waren das für Bücher?
B.: Das weiß ich doch heute nicht mehr. Eins handelte, glaube ich, von Haustieren. Aber das kann auch falsch sein. Wir sind auch oft mit den Schülern in die Umgebung gegangen.
Frage: Wie viele Lehrer waren in Ihrer eigenen Schulzeit Nazis?
B.: Ich weiß nicht so genau. Viele. Die Lehrer aus unserer alten Schule waren, glaube ich, alles Nazis gewesen, nach außen jedenfalls. Aber die mußten dann alle weg. Wir mußten völlig neu anfangen.
Frage: Wann sind Sie Lehrer geworden?
B.: 1946, im Frühjahr.
Frage: Wie lange hat Ihre Ausbildung gedauert?
B.: Das erste Mal nicht so lange. Vielleicht drei Monate.

Aber dann gingen ja die Schulungen ständig weiter, neben dem Unterricht. Auch Lehrgänge. Später habe ich noch mal ein Fernstudium gemacht.

Frage: Erinnern Sie sich noch an die Monate Ihrer ersten Schulung?

B.: Kaum. Die Stimmung war irgendwie Klasse. Wir wohnten ja alle zusammen, in einer Villa. Zu essen hatten wir, aber es war oft saukalt. Wir haben in der Zeit gebimst, bis uns die Augen zufielen. Und jede Menge Arbeitseinsätze. Und Agitation.

Frage: Was für Agitation?

B.: Na ausrücken, zu den Eltern, aufklären über die Vergangenheit. Und unseren Weg bekanntmachen.

Frage: Als vertrauensbildende Maßnahme?

B.: So ungefähr.

Frage: Und hatten die Eltern Vertrauen zu Ihnen?

B.: Die meisten verhielten sich abwartend. Ja, die meisten. Die haben nicht widersprochen, aber auch nichts dafür gesagt. Da waren ja noch viele Nazis drunter.

Frage: Was ist aus denen geworden?

B.: Die hohen Tiere sind ja gleich abgeholt worden. Und die anderen sind nach und nach in den Westen.

Frage: Aber dann gab es ja schon bald keine Nazis mehr?

B.: Richtig.

Frage: Was war Ihnen als jungem Lehrer besonders wichtig?

B.: Antifaschismus, die Erziehung zum Antifaschismus. Wir mußten ja damals völlig neu anfangen. Und in S. (Kleinstadt im damaligen Sachsen-Anhalt/d.V.) wohnten ja auch noch Flüchtlingsfamilien im Schulgebäude. Da mußten wir erst mal eine Baracke von der Reichsbahn herrichten.

Frage: Wann sind Sie in die SED eingetreten?
B.: Moment... 1948.
Frage: Wußten Sie damals, daß viele Antifaschisten verhaftet wurden, weil sie sich gegen den Sowjetkurs sperrten?
B.: Wer für Sozialismus war, wurde nicht verhaftet. Aber damals tummelte sich ja alles mögliche unter der Decke, da konnte ja noch jeder rüber und 'nüber gehen.
Frage: Es wurden aber in dieser Zeit Tausende von Sozialdemokraten verhaftet, auch Kommunisten. Manche waren gerade erst aus dem Zuchthaus gekomen.
B.: Das hat Ihnen wohl der RIAS gefunkt?
Frage: Das habe ich den authentischen Berichten der Betroffenen entnommen.
B.: Blödsinn. Wer nichts gemacht hat und kein Nazi war, ist auch nicht verhaftet worden.
Frage: Könnte es nicht sein, daß sich da Ihre Erinnerung verschoben hat?
B.: Jetzt hören Sie mal, Mädchen. Damals, da waren Sie ja noch gar nicht da. Da waren Sie ja gewissermaßen noch ein Pfund Quark, das können Sie also gar nicht miterlebt haben. Das war nämlich das reinste Durcheinander. Da mußte ja erst mal Ordnung rein ins Land.
Frage: Was ist Ihre schönste Erinnerung an Ihre Neulehrerzeit?
B.: Das Weltjugendtreffen in Berlin. Keine Frage. Ein Höhepunkt.
Frage: 1949?
B.: Ja. Da haben wir gesungen auf den Straßen. Und getanzt.
Frage: Wie erklären Sie sich das Desinteresse der heutigen Jugend an unserem Staat?

B.: Die sind zu verwöhnt. Die kriegen ja alles vorne und hinten reingesteckt, ohne was leisten zu müssen. Die wissen ja gar nicht mehr, was Arbeit ist.
Außerdem sind sie nicht gegen unseren Staat eingestellt. Sie riskieren vielleicht mal eine große Lippe, aber das haben wir früher auch. Gucken Sie sich mal die »Messe der Meister von morgen« an, oder die Mai-Parade. Die Jugend kann schon, wenn's drauf ankommt. Verstecken müssen wir uns da nicht.
(Das Interview fand 1987 in der DDR statt. B. mußte aus gesundheitlichen Gründen den Lehrerberuf vorzeitig aufgeben. Er arbeitete dann als Schulfunktionär im Bezirk Frankfurt/O., heute ist er Rentner.)

Aus Leninschem Geist, von Stalin geschweißt

1952 ist das Ruder so weit herumgerissen, daß geflaggt werden kann.
»Aufbau des Sozialismus« heißt der nun offizielle Kurs, der in der Praxis schon greift: Seit einem Jahr faßt das sowjetische System des Fünfjahrplans – als Klammer für einen planmäßigen ökonomischen Aufschwung – auch die DDR-Wirtschaft in forsche Zahlen und Kennziffern.
Beim Aufbau ist Eile geboten. Denn daß das Volk durch das Korsett der Gewalt allein auf Dauer nicht zur Mitarbeit zu bewegen ist, weiß auch das Zentralkomitee. Ein gehobener Lebensstandard soll den extrem fluchtwilligen DDR-Bürger von seinem Bleiben auf der Seite des Fortschritts überzeugen.

Der will errungen sein..., und noch überwiegen unter den Grundgefühlen Wut und Skepsis. Für die soeben verordnete Kollektivierung der Landwirtschaft steht der entscheidende Bewußtseinsschub noch völlig aus – die Industrie liegt infolge von Zerstörung, Reparationsdemontagen und abtrünnigen Arbeitskräften noch weitgehend am Boden.

So schiebt sich ab 1952 die geballte sowjetische Erfahrung auf die Wirtschaft der DDR: Neben der Kollektivierung, der straffen Planwirtschaft und der Übernahme »bolschewistischer Methoden der Anleitung der Wirtschaftsorgane« werden Stachanowsche Arbeitsnormen gesetzt, für deren Erfüllung nun schon der verschwitzt-strahlende Adolf Hennecke, ein deutscher Stachanow, auf Plakaten und Transparenten bürgt.

Die massenhafte Ausbildung von Hochschulkadern und qualifizierten Arbeitskräften beherrscht ebenso die Tagesordnung wie das massenhafte Entree »unserer Frauen und Mädchen« in die Welt der Arbeit.

Auch die Einheitspartei zeigt 1952 bereits ein unübersehbar sowjetisches Kolorit: Zur »Partei neuen Typus« gereinigt, erhöht die Ulbricht-Gruppe nun ihre Schlagkraft, indem sie die Genossen auf monolithische Einheit drillt. »Aus Leninschem Geist, von Stalin geschweißt« heißt die übernommene Formel – und für das Parteifußvolk übersetzt heißt das: »Bedingungsloser Gehorsam gegenüber dem ZK, nach dem Vorbild der Genossen Fußlatscher in der sowjetischen Bruderpartei«.

Der Balanceakt der 50er Jahre – Stabilisierung der Macht im Spannungsfeld von Zuckerbrot und Peitsche – rutscht der SED-Führung immer wieder in die Schieflage zugunsten letzterer. Denn Peitsche ist reichlicher vorhanden als

Zuckerbrot: Außer über ihre offiziellen Machtorgane, Justiz und Polizei, kann die Ulbricht-Gruppe seit 1950 nun zusätzlich noch mit einem geheimen Staatssicherheitsapparat zuschlagen. Davon macht sie nach ihrem Beschluß »Der Klassenkampf verschärft sich« auch reichlich Gebrauch. Nach wie vor gilt Kritik an der dem Volke aufgezwungenen Regierung als Hetze gegen die »Teilnehmer am Kampf für den Frieden«. Konsequent wird jede Opposition als vom CIA oder den »Agenten der Adenauer- und Schumacher-Clique« gesteuert ausgemacht und mit drakonischen Zuchthausstrafen geahndet.

Das knappe Zuckerbrot bleibt vorrangig jenen vorbehalten, die auf der »richtigen Seite« stehen, sie schützen oder schmücken: den Funktionären von Staat und Partei sowie den Vertretern der »positiv zum Staat stehenden Intelligenz«.

Die Masse muß sich ihr Zuckerbrot selbst erwirtschaften. Das nun ist eine Katze, die sich in den Schwanz beißt. Denn ein voller Bauch – als Garant für Ruhe und Ordnung – setzt eben den Wirtschaftsaufschwung erst voraus. Um diesen Prozeß zu beschleunigen, forciert die SED-Führung den Aufbau der Schwerindustrie (was die Marmelade wieder verteuert...), reißt sie die Arbeitsnormen derart scharf hoch, daß sie sich schließlich einen 17. Juni einhandelt. Es ist ein Kulminationspunkt, an dem sich die angestaute Wut des DDR-Bürgers wie aus einem Druckbehälter entlädt.

Die Führung – nach dem Dahinscheiden Stalins, des »größten Menschen unserer Epoche«, zusätzlich in ein heftiges internes Machtgerangel verstrickt, dessen Fäden von den Stellvertretern des toten Imperators in Moskau gezogen werden – streut sich eine schnell verfliegende

Prise Asche aufs Haupt und korrigiert ein paar taktische Fehler. Die ausladende Verhaftungswelle von »Rädelsführern« und »faschistischen Provokateuren« (von denen achtzehn sofort erschossen werden) stimmt die Bevölkerung jedoch nicht versöhnlicher und mündet in eine neuerliche Fluchtwelle.

Der Antikommunismus greift längst auch im SED-Staat um sich. Die Diskrepanz zwischen behaupteter, aber nicht existenter Wirklichkeit, die das gesamte System seit 1918 kennzeichnet, sitzt nun als Schere auch schon in den Köpfen vieler Opfer oder Zeugen der stalinistischen Willkür deutscher Prägung.

Tatsächlich jedoch kann auch in der DDR vom Aufbau des Sozialismus keine Rede sein. Die enteigneten kapitalistischen Betriebe sind nicht, wie kühn behauptet, zu Volkseigentum geworden, sondern zum eisern verteidigten Monopol der Staats- und Parteiführung. Auch herrscht weder die Klasse der Arbeiter noch die der Bauern, sondern einzig das von Stalin eingesetzte ZK. Allein seine Vertreter planen und regieren – und wer da sein demokratisches Mitspracherecht einfordert, verschwindet zügig als »Hetzer« oder »Feind des Sozialismus« hinter Gittern. Die Lügenstrategie eines sich sozialistisch gebärdenden Verschwörerkomitees hat nun auch auf dem Gebiet der DDR ihr »gewaltiges Faktum« geschaffen. Sie produziert die gleiche kollektive Schizophrenie, wie sie die SU schon seit Lenins Zeiten plagt: gegen eine Gesellschaftsform zu polemisieren, die real gar nicht existiert.

Das Schulwesen der DDR befindet sich bereits seit längerem im Trommelfeuer der Partei. Seit 1949 vollzieht es die Phasen des sowjetischen Schulwesens im Zeitraffertempo nach. Mit einer Ausnahme: Die des großen sozialistischen

Experiments, die Periode Krupskaja/Lunatscharski, fällt praktisch aus, wird gleich übersprungen. Denn die Brille, durch welche die Ulbrichts, Piecks und Wandels die sowjetische Erziehung betrachten, ist schon die Brille Stalins – die der 30er Jahre, in der sich die frühe Experimentierphase als »revolutionsanarchistisch«, gar »sowjetfeindlich« spiegelt, in der Makarenko – der nun massiv Einzug in die DDR-Erziehung hält – bereits auf den militärisch orientierten Kollektivisten reduziert ist.

Seit 1950 widmet die Partei der Rekrutierung einer politisch zuverlässigen Lehrerschaft eine Flut von Verordnungen und Entschließungen, die auf eine überschaubar sowjetorientierte Ausbildung aller Lehrer hinauslaufen. Praktisch heißt das: systematisches Verdrängen der alten Lehrerbildner durch neue und »zuverlässige«, Verdrängen der reforminfizierten Pädagogischen Fakultäten durch neue Ausbildungsinstitute.

Das Verdrängen gestaltet sich als zäher Prozeß von Ausheben, Säubern, Umorganisieren und Schulen und schleppt sich hin bis 1955. Wenn Ulbricht 1952 eingestehen muß, das Schulwesen »noch nicht vollständig im Griff« zu haben, so meint das vor allem den stärksten Widerhaken im pädagogischen Kurswechsel: die Lehrerbildner.

Diese leisten konsequenten Widerstand gegen ihre ideologische Vergewaltigung. Die alten, reformpädagogisch orientierten Herrschaften, die innerhalb weniger Jahre mit großem Engagement fast 50 000 Berufsfremde zu Lehrern ausgebildet haben, verfügen über Persönlichkeit und eine Lebenserfahrung, die sie das uniforme sowjetische Schulmodell mit plausiblen Gründen ablehnen läßt. Versuche der Wandelschen Kommandohöhe, in die Pädagogischen Fakultäten schrittweise neue, linientreue Dozenten hineinzudrücken, scheiterten bis dahin fast stets an deren fachlicher Inkompetenz, mit der sie sich gegen die alte Dozentenschaft nicht durchzusetzen vermochten.

1955 jedoch ist endgültig Schluß mit der reformpädagogischen Hartnäckigkeit: Die neuen Pädagogischen Institute sind nun so weit startklar, daß die alten Fakultäten aufgelöst werden können.

Der damit erzwungene Abtritt einer Generation großartiger Lehrerbildner hinterläßt kaum eine Schlagzeile. Doch er hinterläßt Lücken, die nicht mehr zu schließen sind. Denn diese Altlehrer waren wichtige Mittler zwischen den Zeiten. Über einen konsequenten Antifaschismus bewahrten sie unverzichtbare humanistische Werte und retteten sie quasi aus einer langen, linken Bildungstradition in die neue Gesellschaft herüber.

In einem Bereich, dessen Erfolg weit weniger durch Zahlen und Kennziffern bestimmt wird als durch das persönliche Beispiel, durch die Ausstrahlung und moralische Integrität der Bezugspersonen, hat der Verlust von Rückgrat, Kompetenz und menschlicher Wärme – und der entsprechende Ersatz durch abgeplappert Angelerntes und politischen Gehorsam – weitreichende Konsequenzen auch für die Erziehung und Bildung nachkommender Generationen.

Allerdings ist festzuhalten: Fast die gesamte erste Lehrergeneration ist durch ihre Ausbildung gegangen. Und diese Erfahrung wirkt lange nach. Auch wenn von nun an Pädagogen nach einem anderen Modell unterrichten müssen, herrscht – trotz Gleichschaltens und zunehmender Einschüchterung – noch bis weit in die 60er Jahre hinein an vielen DDR-Schulen ein Klima des Vertrauens zwischen Lehrern und Schülern. Es ist wie eine Art stillschweigen-

der Unterwanderung des vorgegebenen Kurses, bei der die Zuneigung nicht dem Funktionsglied, sondern der Gesamtpersönlichkeit Kind gilt.
Als Unruheherd ersten Grades gelten nach wie vor Universitäten und Hochschulen. Sowohl Studenten als auch große Teile des Lehrkörpers reagieren allergisch auf jedwede sowjetische Paßform, in die man sie zwängt. Die Einführung eines dreijährigen Grundstudiums marxistisch/leninistischer Ideologie ruft ebenso Protest hervor wie die Einführung der russischen Sprache als Pflichtfach. Der »Klassenkampf« wird also besonders im Hochschulwesen verschärft: Allen »reaktionären Ideologien, dem bürgerlichen Objektivismus, Kosmopolitismus und Sozialdemokratismus« sagt die Ulbricht-Gruppe einen »unversöhnlichen Kampf« an. Durch die Gründung eines zentralen Staatssekretariats für Hochschulwesen läßt sich der unversöhnliche Kampf nun auch besser koordinieren. Den Universitäten werden Funktionäre verpaßt, die den Entscheidungsspielraum der bisherigen Leitungsgremien extrem beschneiden. Studenten werden überwacht und politisch überprüft. Unter Hochschul-, Stasifunktionären und zuverlässigen FDJlern kursieren nun schwarze Listen, die eine Exmatrikulation aufmüpfiger Studenten vorbereiten.
Die Kampfverschärfung im Bildungswesen geht mit einer Verschärfung des deutsch/deutschen Konflikts einher. Statt »Deutschland, einig Vaterland« vertieft die Aufspaltung der Welt in machtpolitische Sphären die Spaltung Deutschlands, statt friedlicher Brücke bleibt es Zankapfel. Neben diversem Notenwechsel zwischen den Besatzungsmächten, die um den Modus freier Wahlen kreisen und eine offene deutsche Frage vorgaukeln, sprechen die Ver-

treter der deutschen Bollwerke 1952 eine weniger diplomatisch verschnörkelte Sprache:
Für Ulbricht setzt eine Wiedervereinigung den »Sturz der Bonner Regierung« voraus, wie er auf der einschneidenden Parteikonferenz im Juli 1952, auf der auch der »Aufbau des Sozialismus« proklamiert wird, in den Saal schmettert. »Der nationale Befreiungskampf gegen die amerikanischen, englischen und französischen Okkupanten in Westdeutschland und für den Sturz ihrer Vasallenregierung in Bonn ist die Aufgabe aller friedliebenden und patriotischen Kräfte in Deutschland.« (Entschließung der II. Parteikonferenz der SED vom 12. Juli 1952).
Auch Adenauer läßt sich nicht lumpen und begründet die forcierte Westintegration als Voraussetzung, um »nicht nur die Sowjetzone, sondern das ganze versklavte Europa östlich des Eisernen Vorhangs zu befreien« (Interview mit Ernst Friedländer im Nordwestdeutschen Rundfunk am 5. März 1952).
Und Hallstein will gleich bis zum Ural vorrücken.
Remilitarisierung ist angesagt und die scharfe Verfolgung Andersdenkender – in beiden Teilen Deutschlands.
Militarisierung bestimmt nun auch das innenpolitische Klima der DDR, Jugendliche sehen sich plötzlich zum Patriotismus mit der Waffe in der Hand verdonnert. Nach sowjetischem Vorbild wird 1952 die »Gesellschaft für Sport und Technik« gegründet, die Jugendliche wehrsportlich auf Zack bringen soll. Von nun an wird auch das Privileg einer höheren Schulbildung an die Wehrbereitschaft des Oberschul- oder Hochschulkandidaten geknüpft.
Nach den Jahren einer klar pazifistischen Orientierung der Sowjetzone löst dieser scharfe Kurswechsel einen mittleren Schock unter der Bevölkerung und eine Protestwelle

vor allem im Hochschulbereich aus: Den Gründen der Fluchtwelle in den 50er Jahren wächst ein weiterer zu.
In einem Brief an seine Universitätsleitung begründet Sch., ein Professor für Landwirtschaft, sein Verlassen der DDR unter anderem mit diesem Einschnitt:

> Ich kam in die unhaltbare Lage, meine Kinder vor dem Druck zum Eintritt in die FDJ und Gesellschaft für Sport und Technik schützen zu müssen (Elternabend in der Oberschule, auf dem die vormilitärische Ausbildung der vierzehnjährigen Mädchen gefordert wurde, in die ich niemals einwilligen kann und für die bei der immer betonten Friedensbereitschaft auch nicht der geringste Anlaß vorliegt, da in keinem Land des Westens Schulmädchen am Gewehr ausgebildet werden. Ich habe mit eigenen Augen 14jährige Mädchen mit Gewehren auf Posten gesehen, ohne daß dieses Verhalten als verbotene Kriegshetze angesehen wurde...).[34]

Voller Eifer auch beginnt die Parteiführung nun zu systematisieren, was sie seit längerem praktiziert: die Kaderauslese für Funktionäre und »sozialistische Intelligenz«. Zu deutsch: das Bildungsverbot für Nichtangepaßte bzw. den falschen Klassen Zugehörende.
Das theoretisch noch immer gültige demokratische Schulgesetz von 1946, in dem betont wird, daß »...allen Befähigten ohne Rücksicht auf Herkunft, Stellung und Vermögen der Eltern der Weg zu den höchsten Bildungsstätten des Landes frei gemacht wird«, ist de facto längst Altpapier. Die Schule als Herrschaftsinstrument und Kaderschmiede hat inzwischen jene Dimension erreicht, die 1923 in der Sowjetunion Lenins dekretiert wurde.

Im Unterschied aber zur späteren DDR-Gesellschaft (in der sich die Intelligenz weitgehend aus ihrer eigenen Kaste reproduzieren wird) erhofft sich die Parteiführung zu dieser Zeit noch eine Intelligenz, die sich vorwiegend aus der Klasse der Arbeiter und Bauern zusammensetzt (auch wenn sie hierbei schon gehörig trickst und ihre Funktionäre einfach der Arbeiterklasse untermischt).
Die Richtlinien für die Aufnahme der Schüler in die Mittel- und Oberschule vom Dezember 1955 geben das Auswahlprogramm vor:

Die Arbeiterklasse und die Klasse der werktätigen Bauern sind die unerschütterlichen Träger unserer Arbeiter- und Bauernmacht, die dem gesamten deutschen Volk dient. Deshalb sind bei der Auswahl der künftigen Schüler der Mittel- und Oberschule die Kinder der Arbeiter und Bauern zu bevorzugen. Weiterhin sind besonders die Kinder solcher Werktätiger zu berücksichtigen, die Funktionen der Arbeiter- und Bauernmacht bekleiden, und solcher Bürger, die beim Aufbau und der Festigung unserer Republik eine positive Rolle spielen.

Was die Führung unter dem Begriff »Arbeiterklasse« versteht, schickt sie gleich hinterher:

Als Angehörige der Arbeiterklasse gelten:

1. Personen, die seit mindestens fünf Jahren als Arbeiter in Industrie und Landwirtschaft, im Handel, im Handwerk, im Verkehr und ähnlichen Einrichtungen tätig sind;

2. Personen, die Arbeiter waren und jetzt Funktionen der Partei der Arbeiterklasse und der demokratischen Massenorganisationen, der bewaffneten Kräfte, der staatlichen Verwaltung oder der volkseigenen und genossenschaftlichen Wirtschaft bekleiden.

Hier geht also der General ebenso als Arbeiter durch wie der Generaldirektor oder der Generalsekretär...
Die Herrschaftslüge zieht die Bildungslüge unweigerlich nach sich. Mit dieser willkürlichen Auslese, die vor allem der Legitimation und Festigung der eigenen Macht dient, fällt das Schulwesen der DDR bereits 1955 wieder hinter die Forderungen der Französischen Revolution und eines Condorcet zurück, der – auf der Grundlage politischer Gleichheit – einem jeden Kind zugestand, den »ganzen Umfang seiner von der Natur empfangenen Talente zu entfalten«.
Eine solche Talententfaltung ist nunmehr gekappt. Unter das Bildungsverdikt fallen zahlreiche begabte Kinder, deren Eltern der falschen »Klasse« oder der falschen Weltanschauung zugehören..., fallen Arbeiterkinder, die sich selbst einem Prinzip verweigern, das sie aus eigener Erfahrung als Lüge erkannt haben.
Auf diese Art entzieht die SED dem Land bereits in der Aufbauphase eine große Zahl unersetzlicher Begabungen. Der Fluchtwelle wächst ein neues Motiv zu: Viele derer, die nicht studieren dürfen, obwohl sie das Zeug dazu haben, verschwinden in Richtung Westen.
Den Kindern der Arbeiter und Bauern wird nun (sofern sie politisch nicht »schief liegen«) eine Aufmerksamkeit zuteil, die sie nie zuvor genießen durften – und die sie auch im

späteren Schulwesen der DDR nie wieder genießen werden: Sie sind mit allen Mitteln zu fördern, ihr Bildungsdefizit fürsorglich auszugleichen.
Doch noch ist der Plan eine Absichtserklärung, die in der Praxis nicht greift: Die Mehrzahl der Arbeiter- und Bauernkinder bleibt traditionell praxisorientiert und schöpft ihr Recht auf Bildung nicht aus. Nichtprivilegierten Kindern wiederum wird dieses Recht (sofern sie politisch nicht übermäßig aktiv sind) vorenthalten. An den meisten Oberschulen bleiben deshalb etliche Plätze frei...
Der Rahmen für das neue Bildungsprivileg ist also gezimmert. Und doch weist gerade in den 50er Jahren die Kaderauslese noch enorme Schwachstellen auf, die zahlreichen Nichtprivilegierten dennoch ein Studium ermöglichen.
Da gibt es ganz objektive Gründe: Infolge des Krieges und durch permanente Westflucht herrscht in der Aufbauzeit ein schier unerfüllbarer Bedarf an Hochschulabsolventen – und zwar für alle Bereiche der Gesellschaft; die Partei muß also ihr eigenes Konzept zwangsläufig noch großzügig handhaben.
Begünstigt wird diese Situation durch zwei subjektive Gründe: Zum einen weisen auch die Auswahlkommissionen noch ideologische »Schwachstellen« auf, denn noch bilden Karrieristen und Duckmäuser nicht die Mehrheit im Schulwesen. Die Methode unterliegt also noch dem Zufall: Bewerber können an gedrillte Funktionäre geraten oder solche, die ein Auge oder auch mal beide zudrücken. Und schließlich ist auch der Einfluß der »großen Lehrer« noch nicht vom Tisch gewischt – der Persönlichkeiten vom Format eines Bloch, Havemann oder Mayer...
Das alles jedoch ist eine Zeitfrage.

Zitterpartie und Polytechnik

Der XX. Parteitag der KPdSU im Februar 1956 überrascht mit einem Feuerwerk. Chruschtschow, der neue Kreml-Chef, distanziert sich von Stalin und dessen Personenkult und löst mit dieser – noch gemäßigten – Entstalinisierung in Osteuropa eine Erschütterung aus, die für Polen einen Arbeiteraufstand nach sich zieht, in Ungarn sich gar zu einem Volksaufstand ausweitet.

Es ist das Jahr, in dem die Vasallenthrone Osteuropas wackeln – auch der Ulbrichts. Doch nicht der Sturz des Sozialismus ist das Ziel der osteuropäischen Reformer, sondern endlich seine Errichtung.

Auch durch die DDR weht nun ein heftiger Wind; er nährt die Hoffnung, die Ulbrichts mögen endlich in die Versenkung gefegt werden.

War jedoch der 17. Juni 1953 vor allem ein Arbeiteraufstand, der an den Universitäten mehr oder weniger vorbeirauschte, so wird das Jahr 1956 mehr zum Jahr der Intellektuellenrevolte. Der eisern unterdrückte und nun desto heftiger ausbrechende Widerstand in Partei und Hochschule gilt weniger dem Fressen als der Moral – es geht um die Rückkehr zum humanistischen Kern der Lehre. So kämpfen die Reformer denn auch mit den Waffen des Marxismus/Leninismus gegen dessen stalinistische Auswüchse, gegen seine Verzerrung ins Dogma. Das Prinzip Hoffnung erfaßt Lehrer wie Studenten, Genossen wie Nichtgenossen – doch es leuchtet nur einen Sommer.

Dann ist die Zitterpartie für Ulbricht schon ausgestanden: Erschrocken über die großen Folgen seiner kleinen Entstalinisierung, die vor allem in Ungarn heftig ins Kraut schoß,

springt Chruschtschow, gemaßregelt von seinen Genossen, ins alte Gleis zurück.
An die Brust Ulbrichts kriechen nun auch Funktionäre wie Kurt Hager zurück, die sich schon fürsorglich ein Plätzchen in Reformernähe gesichert hatten und die nun auf den derzeit schwankenden Planken der Macht mit taktischem Geschick versuchen, einem Absaufen zu entgehen.
Im November 1956 erklärt die kommunistische Weltkonferenz die Reformer Osteuropas zu »Revisionisten« – und damit zum Hauptfeind.
Ab 1957 wird unter den Abweichlern aufgeräumt.
Das geht durch alle Schichten und hart hinein ins Zentralkomitee. Kaltgestellt wird nun auch Paul Wandel, dem Ulbricht ideologische Laschheit und mangelnden Durchgriff in den Bereichen Kultur und Bildung vorwirft.
Tatsächlich reißt das Jahr 1956 auch im Bildungswesen die Kontroversen wieder kräftig auf. Doch geht es nun nicht mehr um Reformpädagogik, sondern um die Verhütung der gröbsten Fehlentscheidungen Ulbrichts, zum Beispiel die der pauschalen Übernahme des sowjetischen Prinzips der Polytechnik in die Schulen der DDR.
Auf ihrer Parteikonferenz im März 1956 – also unmittelbar nach dem Moskauer Glasnost – kritisieren die Hardliner demonstrativ sowohl den Stand der pädagogischen Wissenschaften als auch den des gesamten Bildungswesens. Die Import-Bekanntgabe der Polytechnik nach Sowjetmodell löst, bis in die SED-Spitze hinein, heftige Gegenreaktionen aus. Verabschiedet werden jedoch nur die Beschlüsse des dogmatischen SED-Flügels.
Der Positionskampf setzt sich auf einem pädagogischen Kongreß im Mai fort. Die Vertreter der Ulbricht-Linie umreißen nun ihre »sozialistische Erziehungsperspektive«

ebenso scharf wie ihr pädagogisches Feindbild: die Stalin-Gegner, sie werden als »Revisionisten« gebrandmarkt.
Doch da auch die Reformer eine starke Fraktion bilden, kommt es auf dem Kongreß zu heftigen Auseinandersetzungen. Die Gegner Stalinscher Schulpolitik vollziehen den gleichen Argumentationsvorgang nach wie jene aus den Bereichen Kultur oder Philosophie. Der Aufforderung, verstärkt Sowjetpädagogik zu studieren, waren sie nachgekommen: Nun halten sie den Stalinisten Verzerrungen der ursprünglichen Sowjetpädagogik entgegen; die Aufforderung erweist sich als Bumerang.
Beide Veranstaltungen sowie die gesamte Auseinandersetzung zur Schulpolitik, die an Schärfe und Öffentlichkeit im Laufe des Herbstes noch zunimmt, sind geprägt von den Vorgängen auf dem XX. Parteitag.
Im Dezember 1956 sind die Würfel gefallen – die Sowjets haben sich für die »sichere Bank« entschieden: für den dogmatischen Flügel der SED-Führung unter Ulbricht, den Garant für Ruhe und Ordnung. Von nun an bestimmt ausschließlich er den Einsatz der Mittel im schulpolitischen Machtkampf.
Zunächst einmal räumt er auf: Außer Paul Wandel fliegen zahlreiche hohe Schulfunktionäre aus ihren Ämtern oder werden strafversetzt. Die pädagogischen Zentren und Verlage werden von »Revisionisten« gesäubert – zwischen 1957 und 1959 kommt es zu einer erneuten Fluchtwelle von Lehrern.
Für das Jahr 1957 umreißt die nun wieder sicher im Sattel sitzende Führung die schulpolitische Hauptaufgabe: »die sozialistische Perspektive des Schulwesens zu klären und den Revisionismus zu schlagen«.
Unverzüglich schreitet sie zur Tat. Eine Zentrale Konfe-

renz für Vorschulerziehung im Frühjahr 1957 bildet den Auftakt für eine ganze Serie von Schulkonferenzen, auf denen nun vor allem linientreue Pädagogen präsentiert werden und die alle nach dem gleichen Schema verlaufen: Der »Revisionismus« wird geschlachtet, die sowjetische Pädagogik als Höhepunkt kommunistischer Erziehung gefeiert. Über das Schulwesen bricht eine Flut von Publikationen sowjetischer Pädagogen herein, daran gekoppelt eine Flut von Sekundärliteratur: »wissenschaftliche« Abhandlungen über diese Pädagogen und ihre Schriften, um gleich von vornherein falsche Lesarten zu vermeiden.
Die FDJ, die Kampfreserve der Partei, bekennt sich flammend zum neuen Schulkurs, desgleichen der Gewerkschaftsbund – nach einer gründlichen Säuberung. Und Ende des Jahres wird dann noch die Pionierorganisation gestrafft; um die »kommunistische Erziehung« altersgerechter steuern zu können, wird nun in Thälmann- und Jungpioniere aufgegliedert.
1958 folgt eine Riesenkampagne für den neuen Kurs, bei der sich »Volksaussprache« und Parteitag, Verordnung und Appell, aufs drastischste miteinander paaren. Endgültig gelingt es, das schulpolitische Ruder herumzureißen und die Reformer kaltzustellen. Endlich kann das Lieblingskind Ulbrichts die »neue sozialistische Schule« betreten, die von nun an aus Klassenraum und Betrieb besteht. Es ist eine Holzhammer-Geburt, die ein Produkt ausstößt, das nun massenhaft in Serie geht: der polytechnische Mensch. Als Mißverständnis einer großen Marxschen Idee. Vom »neuen sozialistischen Menschentyp« verspricht sich Ulbricht den entscheidenden Impuls beim Aufbau des Kommunismus, bei der »Bewältigung der wissenschaftlichen und kulturellen Revolution« in der

DDR. Er ist der kommende sozialistische Held im Breitmaßstab, der »Arbeiterforscher« der Zukunft. Und die Zauberformel für seinen Erfolg heißt: Polytechnik.
Lange schon hatte Ulbricht sie im Propaganda-Köcher geführt, doch waren bisher eher vorsichtige Abschüsse geboten: Immer wieder hatten sich hitzige Debatten an dieser Problematik entzündet. Es geht schließlich um die Aufhebung der bis dahin strikt eingehaltenen Trennung von Schule und Arbeitswelt; das aber wirft nicht nur grundsätzliche inhaltliche Fragen auf, sondern steht auch im Gegensatz zum noch immer geltenden Schulgesetz von 1946.
Doch auch die Befürworter des polytechnischen Konzepts hatten sich bis dahin gegen eine pauschale und ungeprüfte Übernahme gewandt und eine methodische Vorarbeit gefordert. Nun werden alle derartigen Einwände als revisionistisch, konservativ und sozialismusfeindlich verteufelt.
Zumindest mit seinem Einsatz für die Polytechnik erobert Ulbricht sich die Herzen der Sowjets zurück. Die sind gerade dabei, dieses Konzept allen Freunden überzustülpen; Polytechnik für alle Vasallen – ganz gleich, auf welchem Entwicklungsstand sich das Bildungswesen der einzelnen Länder gerade befindet. Und so startet die Kampagne nicht nur in der DDR, sondern parallel dazu auch in der ČSSR, in Polen, Rumänien, Bulgarien und Ungarn.
Wenn auch nirgendwo mit der Ulbrichtschen Durchschlagskraft:
Unter Einsatz aller verfügbaren Mittel, materieller, organisatorischer und personeller, wird eine Propagandaschlacht entfesselt (wie sie auch in den folgenden dreißig

Jahren im Vorfeld von Parteitagen immer wieder über die Gesellschaft hereinbrechen wird). Die Führung löst eine »Volksdiskussion« und eine »Neuererbewegung« aus, die optimistischen Vorwärtsblick erzeugen und den Bürgern das Gefühl vermitteln sollen, daß alles, was ihnen demnächst als Direktive und Gesetz aufgebrummt wird, durch sie selbst und aus ihrem eigenen Willen heraus entstanden ist. Betriebe und landwirtschaftliche Produktionsgenossenschaften werden mobilisiert und sorgen für nicht abreißende Jubelberichte aus den ersten polytechnischen Zentren. Pioniere und FDJler werden in Wimpelstimmung versetzt und schwärmen in Mitschurin-Gärten[35] und auf Versuchsfelder aus. Eltern werden zu Kollektiven geschmiedet, zu Beiräten und Aktiven. Die Massenorganisationen überschlagen sich an der Werbetrommel – sechstausend CDU-christliche Pädagogen bekunden per Unterschriftensammlung ihre Bereitschaft, die »jungen Menschen zu aktiven Bürgern unseres sozialistischen Staates zu erziehen«...

In diese Hochstimmung hinein dann der Parteitag von 1958 mit der Verkündigung der Generallinie Polytechnik – doch da sind die neuen polytechnischen Lehrpläne bereits im Umlauf!

Die Massenkampagne ist eines der beliebtesten Kampfmittel der SED-Führung; hier kann sie ihre zentralistische Struktur generalstabsmäßig zum Klingen bringen, hier geht noch die erbärmlichste Verdrehung der Realität in Marschmusik unter.

Bereits 1958/59 knallt die Parteiführung ihr neues Bildungskonzept schonungslos in den Schulalltag und bindet jeden ein, der auch nur im entferntesten etwas mit Schule zu tun hat.

Hart trifft es nun auch die Betriebe in Stadt und Land, in die der polytechnisch zu schulende Mensch wie eine Lawine hereinbricht – und zwar in Form aller Schüler der DDR von der Klasse 7 bis zur Klasse 12.

Die Freude an der Basis hält sich in Grenzen. Denn die Werktätigen schlagen sich mit einem knüppeldicken Programm herum: Bis 1961 soll die DDR-Wirtschaft laut Anweisung der SED Westdeutschland nicht nur eingeholt, sondern auch gleich überholt haben. Doch kämpfen die Betriebe nun nicht nur mit völlig irrealen Plankennziffern und Umstrukturierungsmaßnahmen, Ulbricht verpaßt ihnen auch noch die »Zehn Gebote der sozialistischen Moral«, die den »Bahnbrechern des Kommunismus« als Kompaß dienen sollen. Praktisch bedeutet das, bei unerfüllbarem Arbeitspensum noch »sozialistische Brigade« und »sozialistischen Wettbewerb« zu spielen.

Und nun also auch noch die jungen polytechnischen Menschen. Einen Tag pro Woche tauchen sie auf, um ein Drittel ihres neu verordneten Programms – Unterricht, produktive Arbeit und Gymnastik – vor Ort abzuleisten. Den Meistern, Technologen und Parteisekretären steht eine Serie von Schulungslehrgängen ins Haus.

Die meisten Betriebe entledigen sich jedoch des Ballastes auf ganz praktische Weise: Nach ein paar Stunden ideologischem Blabla integrieren sie die Schüler geschickt in die laufende Produktion und machen so aus der doppelten Not eine Tugend. Denn da allein in den Jahren 1957/58 fast eine halbe Million Menschen die DDR verlassen haben, herrscht allerorts ein Mangel an Arbeitskräften.

Für den Schüler fällt der neue Programmpunkt – je nach eigener Mentalität und konkretem Einsatz – mal abwechslungsreicher aus, mal öder.

Es ist ein künstlich erzeugter Umschwung, der Polytechnik von nun an zum Eckpfeiler der gesamten weiteren Schulentwicklung der DDR werden läßt. Ihr wird ein grundlegend neuer Schultyp angepaßt, die »zehnklassige allgemeinbildende polytechnische Oberschule«, von nun an verbindlich für alle Schüler.

Dem neuen Konzept stehen Jahrzehnte des Variantenwechsels, der Korrektur bevor, ohne daß es jemals prinzipiell in Frage gestellt wird. Mitunter treibt es obskure Blüten (so zwangsqualifiziere ich mich beispielsweise neben dem Abitur zum Facharbeiter auf dem Gebiet des Turbinenbaus, obwohl ich erklärtermaßen Schauspielerin werden möchte). Mitunter leitet es eine sinnvolle Berufsausbildung ein (so bauen etliche Schüler ihre berufliche Existenz tatsächlich auf jener Produktionstätigkeit auf, zu der sie ursprünglich vergattert worden waren).

Auf jeden Fall gestaltet sich das Prinzip der Polytechnik zunehmend pragmatischer, wird der Ausflug in den Betrieb immer effektiver mit den wirtschaftlichen Erfordernissen verzahnt. Bis in die 80er Jahre hinein kaschiert ein aufgeblasen ideologischer Anspruch den nüchternen Vorgang des Auffüllens von Produktionslücken durch Schulklassen. So schraubte die Klasse meiner Tochter 1987 am Tag der »produktiven Arbeit« Neonröhren, die zum Export für Spanien bestimmt waren, in Fassungen und verpackte sie. Andere schnitten irgendwelche Hartgummischeiben oder löteten Drähte für die Meß- und Regeltechnik... Übereinstimmend wurden sie jeweils dort eingesetzt, wo im Betrieb Arbeitskräfte fehlten.

Um es deutlich zu machen: Geschadet hat es keinem von uns. Der kontinuierliche Abstecher in die »Welt der Arbeit« leistet, den ideologischen Schmand einmal abgestrichen, zumindest eines: Er erzieht zur Achtung vor der Arbeit anderer Menschen, und sei es die primitivste. Von dieser Achtung ist wohl bei jedem DDR-Schulabsolventen etwas hängengeblieben – selbst bei denen, die eher mit Grauen auf ihren Einsatz am Schraubstock zurückblicken.

Exkurs:
Wir – die Kinder der Aufbauzeit

Unsere Generation war ein propagandistisches Erfolgserlebnis. Soweit ich mich erinnern kann, haben uns (mit Ausnahme besonders Sensibler) Pionierkleidung, Fahnenappell, Sprechchor und rhythmisches Klatschen in Begeisterung versetzt (die später allerdings, nach der Grundschulzeit, rapide zu schwinden begann).
Von klein auf nahm uns die Partei fest an die Hand. Da wir so jung und unverbraucht waren wie unsere Republik, sah die Führung in uns die wohl tauglichste Generation zur massenhaften Formung des »neuen sozialistischen Menschen«, galten wir offenbar als das ideale Gefäß, in das man jenes Modell füllen konnte, gegen das sich unsere Eltern und älteren Geschwister so heftig sträubten.
Wir sträubten uns nicht, denn wir kannten nichts anderes. Auch kam der Partei bei unserer Erziehung die eigene Vorarbeit zugute: Durch Terror und Verhaftung hatte sie unsere Eltern bereits derart eingeschüchtert, daß die meisten gar nicht mehr wagten, sich in die Erziehung ihrer Kinder einzumischen. Mit Ausnahme derer, die auf der »richtigen« Seite standen und dies auch lautstark bekunden durften, wurden politische Gespräche in Gegenwart

von Kindern während der 50er Jahre meist ängstlich vermieden.

Je früher der Staat in unsere Erziehung einzugreifen vermochte, desto größer war der Erfolg. Das Bereitstellen einer vergleichsweise großen Zahl von Kindergartenplätzen brachte dreifachen Vorteil: Es diente der programmatischen Gleichberechtigung der Frau, ihrer Freisetzung als Arbeitskraft und der frühestmöglichen Übernahme der Erziehung durch den Staat.

Beizeiten trat ich ins Kollektiv ein. Das war zunächst ein Wochenheim, das vermutlich zu den vorbildlichen zählte. Da hier rund um die Uhr erzogen wurde, eroberte Väterchen Stalin unsere Kinderherzen gewissermaßen im Sturm. Nie mehr fand ich mich später in einer solch verzweifelt schluchzenden Runde wieder wie 1953 in unserer Kindergruppe – an jenem Tag, da wir länger als sonst in der Fahnenecke verweilten und durch unsere (ebenfalls heftig schluchzenden) Erzieherinnen erfuhren, daß Väterchen Stalin nun tot sei, daß er aber trotzdem in uns weiterlebe.

Da wir als Drei- und Vierjährige das Wort »Tod« nicht begriffen, weinten wir mehr aus einer düsteren Gesamtstimmung heraus, die noch vom farbigen Fensterglas untermalt wurde, durch das ein bläuliches Licht auf Väterchen Stalin fiel.

Er war für mich der Inbegriff der Güte, er half mir in der Not: Mitunter, wenn andere Kinder schon ins Bett durften, mußte ich im Treppenhaus stehen – im Nachthemd, eine Decke über die Schultern, das Gesicht zur Wand. Ich sollte darüber nachdenken, warum mein Vater (von dem unsere Mutter sagte, er sei nun für längere Zeit im Krankenhaus) ein Staatsfeind sei. In einer anderen Ecke des

Treppenhauses stand mein Bruder, der den Erzieherinnen als harte Nuß galt, und in einer dritten Ecke noch ein weiteres Kind, dessen Vater ebenfalls ein Staatsfeind war. Meistens dachte ich nicht nach, sondern heulte. Dachte ich aber doch nach, so stellte ich mir vor, daß jetzt die Haustür aufgeht, wir drei hier rausgeholt und die bösen Erzieherinnen bestraft werden – von meiner Mama und Väterchen Stalin. Allabendlich, wenn ich im dunklen Schlafsaal mein »Lieber Gott, mach mich fromm« abflüsterte, stand *er* mir vor Augen.

Später (mein Vater war aus dem »Krankenhaus« zurück) durften wir in einen normalen Kindergarten überwechseln und bald darauf ins Kollektiv der 1. Klasse. Ich wurde ein begeisterter Pionier, das Lob- und Tadelprinzip hatte ich längst verinnerlicht.

Das Erfolgsrezept der Erziehung (die rüden Methoden des Kinderheims waren eher die Ausnahme): Der Schwerpunkt lag auf Lob. Es wurde entschieden mehr gelobt als getadelt. Schon das bloße Bemühen um Fleiß und Hilfsbereitschaft zog jeweils anspornendes Lob nach sich. »Wir helfen jedem, lassen keinen zurück« war das pädagogische Leitmotiv, mit dem man uns bald zu Lernbrigaden verschmolz. Auf diese wurden gute und schlechtere Schüler gleichmäßig verteilt, was sowohl die Hilfsbereitschaft steigerte als auch die Wettbewerbsstimmung. Das Pionierleben entfaltete sich in den buntesten Farben, es bescherte uns Pionierpaläste, Kindertheater, Ferienlager... »Wer die Jugend hat, hat die Zukunft« – diese Erkenntnis ließ die Parteiführung für uns tief ins Staatsportemonnaie greifen. Unser Grundgefühl schlug so (mit Ausnahme jener Familien, in die der Ulbrichtsche Terror Kerben geschlagen hatte, die selbst vor Kindern nicht zu verheimlichen waren) in eine andere Richtung aus als das der älteren Generationen; die Partei schuf uns gewissermaßen eine eigene und bedeutend leuchtendere Realität.

Ein entscheidendes Mittel zur Erziehung und Bildung war der Einsatz sorgfältig ausgewählter Kinderliteratur. Im »Kampf gegen die Flut der westlichen Schund- und Schmutzliteratur« wurde uns ein Identifikationsprogramm aufbereitet, das uns stets Seit an Seit mit unseren Bücherhelden um Frieden und Gerechtigkeit auf der ganzen Welt kämpfen ließ. Wir orientierten unsere Pionierarbeit an Timur und seinem Trupp, litten mit Onkel Tom an der Unterdrückung der Schwarzen, strebten eine Standhaftigkeit an wie Maos eisernes Büffelchen. Den Großen Vaterländischen Krieg erlebten wir durch eine Erzählung Pavel Kohouts, die von einem Jungen im Ural handelte, dessen Schicksal uns tief ans Herz ging. Wir sahen das neue Afrika mit den Augen von Neger Nobi und Amerika mit denen von Huckleberry Finn.

Es war ein großes Spektrum wirklich ausgezeichneter Kinderliteratur, in das geschickt auch Demagogisches gemischt wurde. 1960 beispielsweise belegte ich bei einem Sportwettbewerb den 2. Platz und erhielt als Auszeichnung ein Buch mit dem Titel »Gehetzte und Gejagte« eines mir heute nicht mehr geläufigen Autors. Die Handlung spielte in Westdeutschland, in einem Heim für Schwererziehbare, in dem Erzieher die Jugendlichen viehisch prügelten, sie zum Lügen und zur Urkundenfälschung zwangen. Das Buch schärfte mein Feindbild von den Bonner Ultras auf lange Sicht.

Erstaunlicherweise absolvierten wir die militärischen Abschnitte unseres Erziehungsprogramms während der Grundschulzeit nicht aus dem gebotenen Haß heraus. Wir hatten in unserem Umfeld nichts Hassenswertes kennengelernt, so blieb dieses Wort für uns ein Abstraktum. Krieg und Frieden waren uns klar: Krieg, das war die Vergangenheit unserer Eltern und Großeltern, der Frieden war bei uns. Dem Ganzen haftete etwas von Geländespiel an, es bot eine willkommene Abwechslung von der Schulbank. Das Militärische an diesen Spielen war uns schon deshalb nicht bewußt, weil Militärisches von klein auf dazugehörte. Wir warfen also bedenkenlos Keulen auf Pappfiguren, hangelten an Seilen über Bäche und freuten uns beim Rapport, wenn wir die Besten waren. Ein Feind stand uns dabei nie vor Augen – wir waren keine scharfgemachten Hunde, sondern ein im Frieden umhegtes Klassenkollektiv.

Das, was uns tatsächlich unter die Haut ging, war der Faschismus. Ungeachtet der Geschichtsverfälschung (die für uns Kinder das Wort »Widerstand« ausschließlich an den Begriff »Kommunist« koppelte) entwickelten wir uns zu leidenschaftlichen Antifaschisten. Widerstand erlebten wir gewissermaßen zum Anfassen: Immer wieder luden wir alte Widerstandskämpfer auf unsere Pioniernachmittage, ihren Erlebnisberichten lauschten wir erschüttert und mit tiefem Respekt.

Die heute deutlich erkennbare Zunahme junger Neonazis in der DDR läßt mir die Bedeutung, die diese persönlichen Begegnungen mit Überlebenden der Konzentrationslager für unsere Erziehung hatten, doppelt bewußt werden.

Nie ist mir in meiner Generation, den heute etwa 40jährigen, jemand begegnet, der sich für nationalsozialistisches Gedankengut anfällig gezeigt hätte. Es waren diese alten, gezeichneten Menschen, bei denen wir vergaßen, daß Geschichte ein Übel zum Auswendiglernen ist.

Noch war nicht soviel Zeit vergangen. Wir hatten das Glück, Nachgeborene zu sein – und das Glück, doch auch das Nachbeben dieser dunklen Ära noch zu spüren.
Die Saat war aufgegangen. Unser Eifer, den Sozialismus aufzubauen, war groß. Er fiel schließlich der gleichen politischen Sense zum Opfer, die schon unsere Mütter und Väter zum Schweigen gebracht hatte. Doch wir hielten lange fest an jenem Auftrag, von dem wir einst glaubten, die Partei habe ihn uns suggestiv erteilt – und der doch ganz anders gemeint war, wie wir einer nach dem anderen erfahren mußten.
Die große Aufmerksamkeit und Zuwendung, die uns Kindern in der frühen Aufbau-Phase von seiten des Staates entgegengebracht wurde, hat unserer Generation eine eigene DDR-Identität geschaffen: Wir kleben lebenslänglich an diesem Land und seiner Geschichte – im Positiven wie in der Ent-Täuschung, ob drinnen oder draußen.

3.
Geschlossene Gesellschaft und Konsolidierung ins Biedermeier

Durch den Bau der Mauer im Jahre 1961 versetzt sich die Parteiführung auch in die Lage, ihr Erziehungskonzept störungsfreier umsetzen zu können.
Der spätere Erfolg gibt ihrer emsigen Bautätigkeit recht.
Auf dem Feld Kunst und Literatur wird es in den kommenden zwanzig Jahren turbulent zugehen. Die Kulturschaffenden der DDR haben den »Bitterfelder Weg« vor sich und dessen Beerdigung, die Nihilismus-Debatte, die Lyrik-Debatte, Veröffentlichungsverbote und Auftrittsverbote, kurz, ein Jahrzehnt noch der lähmenden Gängelei durch Ulbrichts Kulturfunktionäre. Dann wird ihnen der 8. Parteitag (der erste nach der Ablösung Ulbrichts durch Honecker) eine Phase relativer Entfaltung auf der Basis des »sozialistischen Realismus« bescheren – in die hinein sich jedoch ein erneutes »reinigendes Gewitter zur Klärung der Fronten« ankündigt, das sich 1976 in der Ausbürgerung Wolf Biermanns krachend entlädt.
Doch auch der Donner – das Solidarisieren, Bestrafen und Kofferpacken – wird nachhallen wie alles zuvor: laut und vernehmlich. Denn was immer im Kulturbereich über die Bühne geht, erreicht die Öffentlichkeit und strahlt spätestens über den Sender des »Klassenfeindes« wieder ins Land zurück.

Für das Schulwesen wird es zu dieser Zeit kaum mehr eine Öffentlichkeit geben. Denn dieser Bereich wird – unter Honecker dann sehr konsequent – allmählich auf Tauchstation geschickt. Ende der 70er Jahre befindet sich die DDR-Schule in einer Tabuzone, deren Grad an Öffentlichkeit in etwa dem der Nationalen Volksarmee gleicht.
Zwingende Kurskorrekturen stehen an, sie müssen so unauffällig wie möglich vorgenommen werden. Weder der »Klassenfeind« noch die eigene Bevölkerung sollen der Führung in diesem eminent wichtigen Bereich länger in die Karten schauen dürfen.
Öffentlich wird bald nur noch das sein, was auch für die Öffentlichkeit bestimmt ist.
Bis zu dieser Geschlossenheit ist jedoch noch einige Arbeit zu leisten. Steine müssen aus dem Weg, über welche die Führung nicht länger stolpern will.
Lange schwingt beispielsweise der »Revisionismus« in den Hochschulen und Universitäten nach. Gerade die Intellektuellenrevolte von 1956 zeigte deutlich, wie wenig noch das Zentralkomitee die Hochschulen zu dieser Zeit im Griff hatte. Das Aufsprengen ideologischer Dogmen hatte auch unter Studenten das Feuer der Kritik wieder heftig auflodern lassen, das die Führung bis dahin zumindest notdürftig eingedämmt sah. Alle Reizthemen standen plötzlich wieder im Raum: die Aversion gegen Armee und vormilitärische Ausbildung, die ungerechte Stipendienverteilung (so erhält der Student aus einem Arbeiter- oder Funktionärselternhaus prinzipiell ein höheres Stipendium als das Kind von Angestellten – selbst dann, wenn die Arbeiter- und Funktionärseltern das Doppelte verdienen), der Wunsch nach Abschaffung des zwangsweisen Russischunterrichts, die Forderung nach Meinungs- und Pres-

sefreiheit, nach einer ungehemmten Diskussion um gesellschaftliche Fragen...
Ein Trauma, das endlich bewältigt werden muß. Es ist das Trauma einer unzuverlässigen, destabilisierenden Intelligenz, das schon die Führung der Bolschewiki plagte und erst unter Stalin einer mörderischen »Gesundung« wich. Die Universitäten und Hochschulen – als Hort der Opposition sind sie ein für allemal auszuschalten.
Da ist die Ulbricht-Führung kräftig dabei. Das Messer – so lehrte es wieder und wieder die Erfahrung – ist zuallererst beim Lehrer anzusetzen. Also wurden die »übelsten Staatsfeinde und Revisionisten« bereits 1957/58 entlarvt; es gab Schauprozesse mit abschreckenden Zuchthausstrafen, Lehrverbote, Strafversetzungen.
Auch hebt die neue, in reichlich Zement gegossene Ära nun ohne den kommunistischen Quertreiber Ernst Bloch an.
Früh schon hatte die SED dem großen, unbotmäßigen Philosophen, der an der Leipziger Universität lehrte, orthodoxere Gegenspieler zugeteilt, zumeist frische Absolventen der Parteihochschule. So durfte er lehren und war gleichzeitig im Kontrollvisier. Man hielt ihn sich an der Seite, drückte ihm Nationalpreis und den »Vaterländischen« an die Brust und ließ seine Werke zerpflücken.
Nach 1956 aber, da das kalte Rot vorübergehend einem warmen wich und Scharen von Studenten das Audimax der Leipziger Universität bevölkerten, riß der Ulbricht-Führung endlich der Geduldsfaden. Bloch wurde zwangsemeritiert (statt seiner wanderten die Schüler des Nationalpreisträgers in den Knast), ein Inquisitionsdekret prangerte den Philosophen – wie einst Sokrates – als »Verführer der Jugend« an.

Nun hat er also den Wink verstanden. Während einer Urlaubsreise im westlichen Ausland vom Bau der Mauer überrascht, kehrt er nicht mehr hinter diese zurück. Ihm werden der renommierte Literaturwissenschaftler Hans Mayer folgen und viele Lehrer von vielleicht weniger internationalem Ansehen, aber doch großer Bedeutung für ihre Studenten. Auch Robert Havemann ist längst scharf im Visier.
Nach bewährter Tradition läßt die Parteiführung die gewaltsam geräumten Lehrstühle nun mit Kadern besetzen, die nicht mehr ans Format ihrer Vorgänger heranreichen, die jedoch durch erwiesene Zuverlässigkeit glänzen: Endgültig bricht nun die Stunde der Schulfunktionäre an, dienstbarer Geister, die in der neuen Ära schrill für Ruhe und Ordnung sorgen.
Viele Jahre später wird mir einmal einer der seltenen westeuropäischen Gastdozenten (erschrocken und hinter vorgehaltener Hand) mitteilen, er habe noch nie so langweilige Studenten erlebt wie in der DDR.
Wir schreiben das Jahr 1987, und seine Bemerkung trifft den Nagel auf den Kopf. Denn dreißig Jahre später ist an den Universitäten und Hochschulen der DDR nichts mehr zu spüren von den einst kühnen Impulsen, die in den 50er Jahren von dort ausgingen. Die höheren Lehranstalten, Hort der Rebellion in beinahe allen Ländern und beinahe allen Zeiten, sind dann bereits ordentlich aufgeräumt.
Der systematische Kahlschlag unter glaubhaften Mentoren – als ein allmählicher, sich über Jahrzehnte verfeinernder Prozeß – darf als eine der entscheidenden Ursachen für die lähmende Stimmung an den Hochschulen der 80er Jahre gelten.
Der Eingriff ins Hochschulwesen ist hart und komplex.

Nicht nur im Lehrkörper muß es der Führung endlich gelingen, vom strafenden »Ex« zur Prophylaxe einer verbürgten Linientreue überzugehen, sondern auch beim Nachwuchs, bei den Studenten. Die Partei muß also stärker in die Auswahlverfahren eingreifen, braucht zur Besetzung dieser entscheidenden Schaltstellen besonders zuverlässige Kader.

Seit Dezember 1958 bereits bilden Kreisschulräte auf Anweisung spezielle Zulassungskommissionen. Das Verfahren läuft bewährt zentralistisch: Die von oben eingesetzten und damit linientreuen Kreisschulräte ernennen nun ihrerseits linientreue Funktionäre zu Kommissionsmitgliedern. Die Führung sieht sich für die Zukunft eine zuverlässige Intelligenzija zurecht. Die Zulassungskommissionen sind ein entscheidendes Instrument, um endlich auch unter Studenten »alle Agenten und Unruhestifter von den Universitäten und Hochschulen zu verjagen«, wie auf der 3. Hochschulkonferenz von 1958 gefordert. Seine Treue muß, wer einen Studienplatz ergattern will, von nun an schriftlich bekunden:

> Mein Studium ist eine Auszeichnung durch unseren Arbeiter- und Bauern-Staat. Damit übernehme ich die Verpflichtung, jederzeit die Politik der Regierung der DDR aktiv zu unterstützen und mir auf Grundlage des dialektischen und historischen Materialismus Kenntnisse anzueignen, die ich nach Beendigung meines Studiums unserem Arbeiter- und Bauern-Staat für den weiteren sozialistischen Aufbau zur Verfügung stellen werde.
> Während meines Studiums werde ich am sozialistischen Aufbau in Industrie und Landwirtschaft tatkräftig mit-

wirken und bin bereit, zur Stärkung der Verteidigungsbereitschaft der DDR beizutragen.[36]

Wer sich außerstande sieht, diese Eintrittskarte zu unterzeichnen, ist schon mal aus dem Rennen der Kandidaten für eine höhere Bildung.
Doch auch diejenigen, die den Auftrag bereitwillig annehmen, und jene, die darauf hoffen, die Studienzeit einigermaßen windstill zu überstehen, wenn sie selbst keinen Wind verursachen, bleiben von nun an unentwegt in den Fußangeln ihres schriftlichen Bekenntnisses hängen.
Denn da nach wie vor eine andere Wirklichkeit behauptet wird, als sie tatsächlich existiert (das sich mit »unserem Staat« identisch setzende ZK baut zwar die Planwirtschaft auf, nicht aber den Sozialismus), ist der Konflikt vorprogrammiert. Der Student schlingert unweigerlich in eine Daseinsform, die mit »Lavieren« zu umschreiben wäre. Stets von neuem gerät er in Situationen, die ihm eine klare Entscheidung abverlangen: sich entweder selbst zu verleugnen oder aus dem Studium auszuscheiden. Die Schere schließt sich nicht. So schweigt er, um durchzukommen (und schweigt später weiter, um auch im Berufsleben durchzukommen); oder er denunziert gar, um die eigene Karriere zu befördern. Oder er benennt offen, was er als Lüge durchschaut..., solidarisiert sich vielleicht mit Kommilitonen, die bereits auf der Abschußliste stehen – und riskiert so seine Exmatrikulation. Und da sich für diejenigen, die aus politischen Gründen fliegen, prinzipiell die Pforten aller DDR-Hochschulen schließen, gerät beinahe jedes dieser Entscheidungsmomente zu einer Grundsatzentscheidung.
Jeder von uns, der nach 1961 ein Studium aufnahm und

dieses bis zum Ende durchstand, verließ die Hochschule auf die eine oder andere Art lädiert – selbst dann, wenn er den Rahmen des Möglichen ausschritt, so gut es ging; selbst dann, wenn er sich dieser Tatsache niemals bewußt wurde. Denn der »Rahmen des Möglichen«, das hieß für uns alle zumindest drei Jahre »Wissenschaftlicher Kommunismus« – nicht als schöpferischer Umgang mit selbigem, sondern als Pauken seiner machterhaltenden, zur Doktrin erhobenen SED-Auslegung. Wir alle haben sie abgepinselt und abgehaspelt, um uns unseren Studienplatz zu erhalten und weil wir bald gar nichts anderes mehr kannten. Der Denkhorizont ist uns während dieser Jahre systematisch beschliffen worden.

Obwohl es gerade in dieser Phase der noch mangelnden Perfektion immer wieder Bewerbern gelingt, durch das Netz der Kommissionen zu schlüpfen, die im Grunde nicht deren ideologischen Anforderungen entsprechen, gewinnt doch an den Hochschulen der DDR langsam ein neuer Studententypus die Oberhand. Er bildet den Grundstock jener Intelligenz, die später, in den 80er Jahren, diesen merkwürdig assimilierten Eindruck hinterläßt. Die beschreibt der Literaturwissenschaftler Hans Mayer:

In den fünfziger Jahren wurde alles gelesen, was sich in unserer Institutsbibliothek an Neuem einfand. Besonders wenn der Ludergeruch bürgerlicher Dekadenz zu spüren war. Da ich mich auskannte bei den Leitern der großen westdeutschen Verlage, bekamen wir schöne Bücherpakete als Geschenk. Die Institutsbibliothek und die Deutsche Bücherei: da haben sich Uwe Johnson und seine Freunde planmäßig versorgt. Sie waren stets auf dem laufenden. Das änderte sich an der Wende zu

den sechziger Jahren, erst recht und jählings nach Errichtung der Berliner Mauer. Nun konnte der Staatsratsvorsitzende seine Autarkie betreiben, die so lange unmöglich gewesen war und inopportun. Die neuen Jahrgänge am Beginn des neuen Studienjahres glichen kaum mehr den ernsten und erfahrenen Arbeiterkindern, die sich nicht, wie Brecht in Leipzig notierte, »zu Kommilitonen degradieren« ließen.
Nun kamen auch die Streber in den Hörsaal. FDJler auf dem Weg nach oben. Plötzlich stellten meine Assistenten fest, daß jene suspekten Bücher und Autoren, die bis dahin stets ausgeliehen und auf lange Zeit hin vorbestellt zu sein pflegten, unbeachtet in den Regalen standen.[37]

Die Sortiermaschine rattert. Noch nicht mit der späteren preußischen Perfektion, doch auch schon nicht mehr mit der Störanfälligkeit der 50er Jahre.
Allmählich verringert sich die Kluft zwischen Oben und Unten, zwischen Kommandohöhe und Basis. Immer mehr geschulte Kader landen nun in jenen Zwischenbereichen, in denen bereits im Keim des Individuellen abgewürgt wird, was vor dem Mauerbau noch die Gefahr einer Massenbasis barg: politische Aufmüpfigkeit. Und da kommt System nicht nur ins Hochschulwesen, sondern in die gesamte Erziehung. Der Funktionärsschliff beginnt spätestens mit der Zuckertüte, mit dem Besteigen der ersten kleinen Pyramide Pionierorganisation. Da walten Gruppenrat und Freundschaftsrat: Vorsitzende und Stellvertreter, Kassierer und Schriftführer, Wandzeitungsredakteure und Kulturbeauftragte. Da gibt es Wimpel, Uniform, Auszeichnung, Medaille, Rechenschaftsbericht, Funktionärswahl, Beschluß und Appell.

Über die Erfüllung des Pionierauftrags wacht der Freundschaftsrat, der seinerseits den Gruppen, Kommissionen, Stäben und Komitees Aufträge erteilt. Und den wiederum kontrollieren Pionierleiter, FDJ und Rat der Freunde sowie Lehrer und Erzieher.
Eine Etage darüber rollt der gleiche Mechanismus in der FDJ ab, die wiederum über Patenschaft und Anleitung mit unseren Jung- und Thälmannpionieren vertikal vernetzt ist. Und noch eine Etage höher veranstaltet die Partei mit ihrem riesigen Funktionärsapparat, mit breitem Schulungsnetz und allgegenwärtigem Kontrollapparat den gleichen Zinnober.
An der Spitze der großen Pyramide der absolute Generalstab: das ZK der SED.
Das holt nun straff auch unter Erwachsenen nach, was für deren Kinder von vornherein obligatorisch ist: Im Pflichtreigen um den Titel »Sozialistische Brigade« schrumpft der Werktätige allmählich wieder zum Pionier. Bald steht jede Brigade im Wettbewerb mit anderen Brigaden. Die Schautafeln der Betriebe, auf denen die besten Kollektive gelobt – die mäßigen dennoch angespornt werden –, unterscheiden sich bald nur noch geringfügig von den Pionierwandzeitungen der Schule. Da kämpft das Kollektiv um Disziplin und Ordnung in den eigenen Reihen, sammelt es »sozialistische Punkte« durch den gemeinsamen Besuch einer Gedenkstätte oder einer Kegelbahn. Da werden Kollektiverlebnisse eifrig in Brigadetagebücher gepinselt, flitzt die Vertreterin der Patenbrigade zwischen Arbeit, Haushalt und eigenen Kindern noch schnell auf den Pioniernachmittag der Patenklasse, um Selbstverpflichtungen der Schüler entgegenzunehmen oder vom Kampf der Brigade zu berichten.

Doch im Jahrzehnt nach dem Mauerbau flackert die Unruhe, fehlt es noch an der nötigen Stabilität. Erfolge im Kollektivdrill werden überlagert von störrischer Verweigerung. Das plötzliche Eingemauertsein und die damit verbundene Aussichtslosigkeit, dem Ulbricht-Regime notfalls entfliehen zu können, machen aus der DDR der 60er Jahre einen Druckkessel, dessen unberechenbarster Faktor die Jugend ist. Hier lauert die Gefahr nicht nur im explosiven Auspuffern, sondern auch in der passiven Form der Verweigerung. Beides kann die Parteiführung sich nicht leisten. So fertigt sie jenes Silentium-Rezept an, auf das sie auch später immer dann zurückgreift, wenn der Unmut der jungen Generation bedrohliche Ausmaße annimmt: Sie lockert die kulturellen Zügel, spornt zur Steigerung der Arbeitsproduktivität an und verschärft die Militarisierung.

1963 erarbeitet sie eine Kombination aus Jugendkommuniqué und Gesetz, bei der dem Kommuniqué die Rolle des moralischen Appells zukommt, dem Gesetz aber die Rolle der juristischen Kandare. Während letzteres (als Staatsknute erkennbar) dezent im Hintergrund gehalten wird, erteilt die Partei der Jugend im Kommuniqué einen flammenden Jahrhundertauftrag:

> Das neue, sozialistische Zeitalter verlangt von der Jugend der DDR kühnere Pioniertaten, einen größeren Pioniergeist, als es die Entdeckung Amerikas verlangt hat. Es garantiert der Jugend aber auch weit größere und viel mehr echte Freiheiten, als sie die deutsche Jugend jemals besaß.
> Die Jugend der DDR steht vor der geschichtlichen Aufgabe, freiwillig und vereint schaffend sowie gestützt

auf die Erfahrungen der älteren Generation eine höhere Arbeitsproduktivität als im Kapitalismus zu erringen.[38]

Dreh- und Angelpunkt des forschen Dokuments ist also die auch nach dem Mauerbau noch schleppende Arbeitsproduktivität – mit einer maulenden oder rebellierenden Jugend ist sie nicht zu steigern. Und da die Partei zusätzlich zum straffen Plan für den Nachwuchs ein Paket unentgeltlicher Arbeit geschnürt hat, setzt sie auf Moral, glorifiziert sie die »Arbeit im Sozialismus« zu einer »Sache der Ehre, des Ruhmes und des Heldentums«.

Doch die Zeiten haben sich gewandelt, der Appell erzeugt eine Flut von Witzen. Rissen die einstigen Kommunarden der Gorki-Kolonie die Norm für den Kommunismus noch freiwillig in schwindelnde Höhe, so winken die DDR-Jugendlichen vierzig Jahre später ab – für die Ehre der Partei hebt kaum mehr einer seinen Hintern.

Lebensfreude muß her, und damit Arbeitslust. Die Partei entwickelt also zugleich ein Freizeitprogramm, mit Sport, Wandern, Theater und Wohngebietsfest, von dem sie »nicht eine Stunde dem Klassengegner überlassen« will. Der nämlich lauert bald hinter der Mauer, als Stone oder Beatle getarnt; die ersten DDR-Jugendlichen sind bereits infiziert und wippen mit.

Im »Namen der Jugend« bittet die Führung alle Komponisten und Schlagerdichter, phantasievollere Melodien und Texte zu produzieren. Dafür stellt sie ihnen eine rosige Zukunft in Aussicht:

> In Zukunft wird man dann weniger in der DDR Westschlager singen als vielmehr in beiden deutschen Staaten zündende Schlager aus der DDR mit Texten, die unserem neuen Lebensgefühl entsprechen.[39]

Und da der Klassenfeind seine Finger bis in den Intimbereich der DDR-Jugend ausstreckt, der »Imperialismus die Jugend zur Zügellosigkeit und Verantwortungslosigkeit verleiten möchte«, setzt sich die Partei auch in puncto Liebe mit revolutionärer Wachsamkeit auf ihre Küken, kämpft sie nun für »echte, saubere, menschliche Beziehungen und keine klösterliche Moral«.
Bleibt vom Silentium-Rezept noch Heilmittel Numero drei: der patriotische Schliff. Bereits unmittelbar nach dem Bau der Mauer wird die Schuljugend aufs Vaterland eingeschworen, die Wehrbereitschaft enorm verschärft. Zwischen Aufbauschwung und Bunkermentalität beauftragt die Parteiführung Schule und Armee, »sozialistische Wehrideologie« intensiver zu vermitteln, um Verteidigungsbereitschaft und Disziplin zu erhöhen und den »Klassenstandpunkt« zu festigen.
Doch das Säbelrasseln als schulisches Pflichtprogramm gilt keineswegs nur dem Feind hinter der Mauer – es gilt auch dem, der sich im Inneren des Landes versteckt hält.
Den hat Margot Honecker längst erspäht:

> Unsere Jugend muß den Feind durchschauen lernen, unter welcher Maske er sich auch immer anzubiedern versucht... Unsere Jugend muß gegen alle Einflüsse des Gegners unanfechtbar sein. Hierzu haben alle Unterrichtsfächer ihren spezifischen Beitrag zu leisten. Die Orientierung auf diesen Schwerpunkt der staatsbürgerlichen Erziehung trägt dazu bei, die Schüler zu einem festen sozialistischen Klassenstandpunkt zu führen.[40]

Um den Feind auszuspähen, muß nicht nur das revolutionäre Auge des Schülers geschärft werden, sondern auch das des Lehrers.

Die Einheitsschule als Herrschaftsinstrument funktioniert von Jahr zu Jahr reibungsloser. Nun schon zu einem monströsen zentralistischen Apparat aufgebläht, sind ihre oberen Ränge bald kaderpolitisch abgesichert. Um als Schulfunktionär auf einem höheren Posten zu landen, braucht es nicht so sehr Kenntnis der Materie oder pädagogische Begabung, sondern vielmehr einen »festen Klassenstandpunkt«. Das gilt auch für Lehraufträge an Pädagogischen Hochschulen, für Fachzeitschriften oder die zahlreichen Einrichtungen der »Pädagogischen Wissenschaft«. Die Partei braucht Ruhe und Zuverlässigkeit im Schulglied, um sowohl die Konstante ihrer Bildung und Erziehung zum effektivsten Einsatz zu bringen als auch deren Variablen.

Variabel muß sie auf die schwankenden Anforderungen der Planwirtschaft reagieren. Diese erfordern immer wieder Schwerpunktverlagerungen, die mit Veränderung in der Schulstruktur und im Lehrplanwerk einhergehen. Immer von neuem muß exakt errechnet werden, wie und wo welcher Absolvent in die Berufswelt eingetaktet werden muß, damit die Planwirtschaft sich optimal entfaltet.

Hier hemmen die »wunden Punkte«, deren Bewältigung ein Abtauchen in die Tabuzone angeraten erscheinen lassen. Denn trotz großem akkustischen Gegenwirbel sieht sich die Parteiführung gezwungen, um der Wettbewerbsfähigkeit ihrer Wirtschaft willen ein sozialistisches Bildungscredo nach dem anderen zu köpfen. Das reicht von der Korrektur der überspannten polytechnischen Experimente über eine stillschweigende Rücknahme der besonderen Förderung und Bevorzugung von Arbeiter- und Bauernkindern bei der Vergabe von Studienplätzen bis hin zur (sozialistisch verbrämten) Übernahme der einst heftig als bürgerlich attackierten Begabungstheorie am Beginn der 80er Jahre.

Derart einschneidende Kurskorrekturen erfordern nicht nur ein Personal, das willfährig mitzieht, sondern auch eins, das selbst möglichst wenig denkt.

Diese Voraussetzung scheint bei den meisten Schulfunktionären der 80er Jahre bereits gegeben. Während meiner Tätigkeit als Regisseurin fand ich mich häufig mit ihnen im Gespräch. Im Unterschied zu Wirtschaftsfunktionären, denen meist ein nüchterner Blick auf die Spanne von Soll und Ist eignete, zeigten sich Schulfunktionäre von ihren jeweiligen Leerformeln ungetrübt beeindruckt. Sie verfügten über keinerlei analytische Fähigkeit, verharrten zuverlässig auf der Parteilinie und schäumten auf wie Fitwasser, wenn man auch nur die leiseste Kritik an den Schulen der DDR äußerte.

Die Konstante der schulischen Erziehung bleibt der »feste Klassenstandpunkt«. Und was da unter Funktionären bald flutscht, stockt noch oftmals an der Basis: Der Fluchttrieb will nicht versiegen. Denn was das Bauarbeiter- oder Bürokollektiv als Zusatzübel zum Plan bewältigen muß, steht für die »sozialistische Lehrerpersönlichkeit« im Zentrum ihres Auftrags. Die meisten Lehrer wollen aber Lehrer sein und nicht Propagandisten der Partei. Das vorgegebene Schwarzweiß-Programm »Sehen–Erleben–Erkennen–Werten«, in dem Frieden, Demokratie, Geborgenheit und Solidarität ohne Abstriche diesseits der Mauer, Menschenverachtung, Armut und Egoismus jenseits der Mauer zu häufen sind, läßt ihnen keinen eigenen Spielraum. Der Praxisschock ist meist so beträchtlich, daß der Lehrerberuf auch in den 60er und 70er Jahren zu den

Berufen mit der höchsten Fluktuationsrate gehört.
Die Grundfrage – bleiben oder aussteigen – wird oftmals über Jahre hinweg gewälzt. Sie schwankt zwischen Schuldgefühlen gegenüber den Kindern und der erkannten Aussichtslosigkeit, eigene Berufsvorstellungen umsetzen zu können. Da letzteres am Ende stärker drückt, die Grundfrage sich also immer wieder in Richtung Ausstieg verschiebt, greift die Partei schließlich zum drastischen Mittel: Anfang der 70er Jahre erläßt sie eine Weisung, nach der abtrünnige Pädagogen in keinem anderen Bereich der Gesellschaft eingestellt werden dürfen.
Die Aussicht, Zwangslehrer bleiben zu müssen, entfaltet aber nun sämtlichen Einfallsreichtum: In den 70er Jahren hebt eine fiebrige Suche nach Phoniatern und Nervenärzten an, die bereit sind, Berufsuntauglichkeit zu bescheinigen. Viele Frauen retten sich vorübergehend ins Mutter- und Hausfrauendasein.
Der ausgeprägte Fluchttrieb der 70er Jahre hat noch einen zweiten Grund. Nicht nur enttäuschte Lehrer setzen sich ab, sondern auch solche, die eigentlich gar nicht Lehrer werden wollten. Die man – infolge des Lehrermangels – von ihrem Studienwunsch kurzerhand auf Pädagogik umgelenkt hatte. So wurde beispielsweise Physiklehrer, wer ursprünglich Physiker werden wollte, aber keinen freien Studienplatz fand. Aus ambitionierten Sprachmittlern wurden Russisch-, aus Wunschpianisten Musiklehrer…
Das, was den kapitalistischen Nachbarn als hohe Akademiker-Arbeitslosigkeit drückt, löst hier der Plan – gemischt mit Erpressung.
Doch das Prinzip rächt sich in der Praxis und besonders in einem derart verschärften Bereich wie dem der »Volksbildung«: Es treibt die Abwanderungsquote zusätzlich in die

Höhe. Nach Auskunft etlicher von mir befragter Lehrer, die nach 1961 Pädagogik studiert hatten, waren 1987 nur noch zwischen einem Drittel und der Hälfte ihrer ehemaligen Kommilitonen an einer DDR-Schule tätig.

Wenn eine Kollegin den Ausstieg geschafft hatte, kam eine gedrückte Stimmung auf. Da wir fast alle den Wunsch hatten, den Beruf an den Nagel zu hängen, die meisten sich aber nicht trauten, jammerten wir uns jedes Mal gegenseitig die Ohren voll. Irgendwann hörten wir auf zu jammern und trösteten uns mit der Feststellung, woanders sei es schließlich auch nicht viel anders...
  (Frau T., Lehrerin in Dresden, Gespräch von 1987)

Auch um den Bestand ihres Lehrpersonal ringt die SED hinter einer dicken Fassade humanistischer Bildung. Es handelt sich um ein Krebsübel, das es abzudecken gilt, da es die eigene Propaganda Lügen straft.
So wurde die Abwanderung von Lehrern zu Zeiten der DDR-Gründung noch öffentlich diskutiert. Bis weit hinein in die 50er Jahre läßt sich das Thema in der Tagespresse nachvollziehen: als heftige Kontroverse und – von seiten der Stalinisten – als Konglomerat aus flammender Werbung und propagandistischem Faustschlag.
Zwanzig Jahre später ist das Problem nicht vom Tisch, wird aber nun wie eine geheime Verschlußsache behandelt. In den 70er Jahren gelingt der DDR-Wirtschaft ein deutlicher Aufschwung. Gleichzeitig verschwindet jedoch das belebende Element aus der Aufbauzeit völlig – durch Pensionierung und natürlichen Tod verabschieden sich nach und nach auch die letzten Persönlichkeiten der ersten Stunde. Es ist ein fließender, kaum wahrnehmbarer Gene-

rationswechsel; das bedeutet nicht nur den Verlust individueller Profile, sondern auch den einer lebendigen, bildhaften Sprache. Bürokratie schiebt sich auf die Leidenschaft, bald hängt ein furztrockener Ton über der ganzen Gesellschaft.
Wer Lehrer ausbildet, ist nun selbst schon ein DDR-Produkt. Die neuen Funktionäre können auf nichts anderes mehr verweisen als auf Linientreue und kontinuierliche Anpassung. Das aber ist zu wenig, um junge Menschen zu überzeugen, sie mitzureißen.
Eines gelingt jedoch sowohl dem großen als auch dem kleinen DDR-Bürger immer weniger: aus der Reihe zu tanzen!
Ganz allmählich – und immer wieder von unvorhergesehenen Störungen, wie beispielsweise der Prager »Konterrevolution« von 1968, begleitet – gerät die abgeschottete DDR-Gesellschaft aus einer Phase brutalen Zwangs in eine Phase des Arrangements; ihre Bürger ordnen sich den als unumstößlich anerkannten Spielregeln der Partei- und Staatsführung mehr und mehr unter. Man muckt immer seltener auf, doch breitet sich nörgelnde Unlust über Staat und Schule. Daß weder mitgeplant noch mitregiert werden darf, sondern lediglich die Aufträge einer mißliebigen Kommandohöhe auszuführen sind, zeigt langsam deutliche Spuren von Lähmung.
Das Wort »Sozialismus« verliert seine Wucht, den Klang von Drohung und Pathos, den Klang auch von Kühnheit. Fleiß, Ordnung und Disziplin stehen nun auf dem Programm.
Die Partei konsolidiert das Land ins Biedermeier.

Exkurs:
S., ein Kind der Republik

S. wurde 1949 geboren. Er ist also ein Kind der Republik, gehört zu den Küken der Aufbauzeit, der Hätschelgeneration von Ulbricht und Pieck.
Doch gehätschelt wird nur, wer im Kollektiv aufblüht und seinen Timur-Auftrag mit Pioniereifer erfüllt. S. geht weder im Kollektiv auf, noch zeigt er Pioniereifer, er gilt als Quertreiber.
Bereits im Kinderheim, in das er – vierjährig – vorübergehend eingewiesen wird, zeigt er sich bockig und muß schärfer an die Kandare genommen werden als andere Kinder.
Der Schulanfang ist ein Einschnitt, der ihm die Chance bietet, sich nun neu einzuordnen und zielstrebig zu lernen. S. nutzt seine Chance nicht. Er gilt während der gesamten Schulzeit als zwar begabtes, aber äußerst renitentes Kind, das sich ins Kollektiv nicht einfügen will, ins Klassen-, Hort- und Pionierkollektiv.
Die Lehrer kämpfen auch um S., nach der Parole: Wir lassen keinen zurück. Doch S. bleibt ein Fläz, eine harte Nuß.
Während der 8. Klasse wird er aus dem aufgeheizten Dresdener Klima herausgenommen und probeweise zu Verwandten ins Erzgebirge verschickt. Dort geht es schlagartig bergauf mit ihm: S. gilt bald als umgänglich, er spielt Klavier, hat eine erste Freundin. Der »feste Klassenstandpunkt« fehlt ihm, doch der spielt in diesem Gebirgsdorf kaum eine Rolle: So unmittelbar nach dem Mauerbau ist das Ulbrichtsche Erziehungsprogramm in seiner Schärfe noch längst nicht in jeden Bergwinkel des

Landes vorgedrungen. Hier, im Erzgebirge, geht es wesentlich kampfloser zu als in der Bezirksstadt, hier läuft man Ski oder tobt durch den Wald.

S. hat Pech, der Abstecher findet ein jähes Ende. Sein Onkel – ein Apotheker, der ihn aufgenommen hatte – gerät in eine Bedrängnis, die ihn und seine Dorfapotheke abrupt aus ihrem Baldrian-Dasein reißt: Eines Tages bemerkt er, daß im Giftschrank kleinere Mengen eines Opiates fehlen. Das Verschwinden bleibt keine Einzelerscheinung, doch er vermag das Geheimnis nicht zu lüften.

Das lüftet bald darauf die Kripo: Überführt wird eine Apothekenhelferin, die sich fleißig aus dem Giftschrank bedient hatte und mittlerweile rauschgiftsüchtig war. Diesen Vorfall verkraftet der Mann nicht; im Bewußtsein, menschlich und als Vorgesetzter versagt zu haben, schluckt er wenige Tage nach der Enthüllung eine Überdosis Atropin.

S. muß also seinen Koffer packen, es geht nach Dresden zurück. Und dort bricht die alte Renitenz wieder aus. Er schwänzt Schule und später die Tischlerlehre, veranstaltet mit seinem Freund in einem Keller hochbrisante chemische Experimente.

Und bald hat auch die Staatsmacht ein Auge auf ihn, der weder zur FDJ-Veranstaltung noch zum Wohngebietsfest geht, sondern sich mit anderen Jugendlichen »zusammenrottet«, bei denen offenbar das »Jugendkommuniqué« der Partei auch nicht greift.

Sie sind harmlos. Sie klauen nicht, überfallen keinen und schmieden keine Pläne zum Umsturz des Staates. Doch sie stehen in zuchtloser Gruppe an der Ecke herum – Beat-Texte tauschend, blödelnd und rauchend –, gelten also als das, was es Mitte der 60er Jahre nur beim Klassenfeind noch gibt: als Bande.

Und sie gehen im Sommer auf den Dresdener Fucik-Platz, auf dem alljährlich ein großer Rummel stattfindet. Auch dort stehen sie mehr oder weniger herum, trinken Bier. In einer Zeit, in der die Ordnungshüter auch auf nur Bier trinkende »zusammengerottete Elemente« panisch reagieren, ist der Konflikt vorprogrammiert. Polizisten weisen die Jugendlichen an, in kleineren Grüppchen zu zwei, drei Mann herumzustehen oder am besten ganz zu verschwinden. Die Aufforderung ist in den Wind gesprochen. Verstärkung wird angefordert. Unter wüster Staatsbeschimpfung einerseits und wüsten Prügeln andererseits wird die »Bande« zur Strecke gebracht.

Hart schlägt die Staatsmacht zu. Denn da die Lust zum Stänkern gegen den Staat auch Mitte der 60er Jahre noch außerordentlich groß ist, muß ein Exempel statuiert, müssen auch potentielle Unruhestifter ein für allemal abgeschreckt werden. Ein Rädelsführer ist rasch ermittelt, die Strafen für die beliebte Triade von staatsfeindlicher Hetze, staatsfeindlicher Gruppenbildung und Widerstand gegen die Staatsgewalt fallen drakonisch aus und werden per Presse bekanntgemacht: elf Jahre Knast für den »Rädelsführer«, dann staffelt es sich nach unten. Mit der mildesten Strafe kommt S. davon, da er zum Zeitpunkt der Verhaftung minderjährig war: vier Jahre Zuchthaus.

Die »Revolution« zertritt ihre Kinder. S. kommt in eine Mecklenburger Haftanstalt; er ist der einzige Sachse in einem Pulk Platt sprechender Krimineller, die Jahre werden für ihn zum Spießrutenlauf, die langen Phasen der Einzelhaft zu Pausen eines programmierten Martyriums. Irgendwann muß er wohl die Sinnlosigkeit begriffen ha-

ben, sich in der Haft gegen Unrecht aufzubäumen. Nachdem er sich in die Zahmheit des Schweigens zurückgezogen hat, gilt er als besserungsfähig und darf zur Belohnung nach drei Jahren in eine Berliner Haftanstalt überwechseln, die letzten Monate werden ihm gar erlassen.
Doch nach seinem »Erziehungsaufenthalt« klappt die Eingliederung ins DDR-Kollektiv überhaupt nicht mehr. Seelisch schwer angeschlagen, verfällt S. rasch dem Alkohol. Er versäumt, sich zweimal pro Woche zu melden, ihm zugewiesene Arbeiten tritt er oft gar nicht erst an. Statt dessen taucht er bei Freunden unter, verkriecht sich in Nietzsche und die Malerei.
Er ist aus der Bahn. Dresdener Maler halten ihn mit Almosen und Spirituosen über Wasser – wenn er betrunken auf ihre Tische springt, um sich wildzutanzen, greifen sie schnell zum Pinsel.
Etwas scheint ihn nach der Haft geradezu magisch anzuziehen: Uniformen. Auf Bahnhöfen und öffentlichen Plätzen stürzt er auf Polizisten zu, gebärdet sich – Goethe und Nietzsche deklamierend – furios und fordert die Ordnungshüter auf, doch endlich einmal befreiend zu lachen.
Hat er nun Glück, oder erwischt er jeweils den winzigen Funken Mensch in der Uniform? Obwohl sich das Spektakel über Monate wiederholt, wird er nie mehr »zugeführt« – wenn die Ordnungshüter ihn dann schon in die »Grüne Minna« verfrachten, liefern sie ihn eher nachsichtig zu Hause ab, brummen ihm allenfalls Ordnungsstrafen auf.
Doch S. überschreitet bald auch bedrohlichere Grenzen. Mit Schlapphut und großem Ohrring zieht er in Abständen vor das Tor der Dresdener Staatssicherheit und stößt

wilde Flüche auf die Genossen zum Wachturm hinauf. Auch hier gilt er inzwischen als harmloser Spinner, und so landet er nicht noch einmal hinter dem Stahlgitter verschärfter Erziehung.

Doch er landet in einer anderen Maschinerie: der Nervenheilanstalt.

Auch das ein Bereich, der im argen liegt. Nach Arnsdorf, einem Nest tief hinter Dresden, werden vor allem fachunkundige Ärzte strafversetzt. Statt Therapien gibt es hier Fixierungen und Elektroschocks. Damit keiner auf den Gedanken kommt, er befände sich im Sanatorium, wird die Arbeitskraft »Irrer« mittels unentgeltlichem Tütenkleben bis zu ihrer endgültigen Arbeitsunfähigkeit genutzt.

Auch in Arnsdorf herrscht die große Ruhe. Doch sie wird nicht über die Zelle, sondern über Psychopharmaka erzeugt. Um zu vermeiden, daß im Schlafsaal – in dem 35 seelisch, nervlich oder geistig unterschiedlich aus der Ordnung Geratene zusammengepfercht sind – Panik ausbricht, werden alle Patienten rund um die Uhr mit dämpfenden Präparaten gefüllt.

Beim Anstaltspersonal genießt S. gewisse Sympathien. Mitunter, wenn die Patienten nach dem Tütenkleben in den Fernsehraum geschlossen werden, darf er hinunter in den Kohlenkeller. Dort steht ein halbverrottetes Klavier, dort bewahrt S. auch seine Schätze auf: Zeichenpapier, Rötelstift, den verbotenen Nietzsche.

An der täglichen Dosis jedoch kommt auch er nicht vorbei. So schwemmt er auf, lichtet sich sein schwarzes Haar bald zur Halbglatze, behält der Kopf immer weniger, was er soll.

In Arnsdorf verstummt S. völlig. Vollgedröhnt, starrt er eines Tages nur noch vor sich hin. Im Spätherbst 1979 darf er die Anstalt verlassen, er fährt zurück nach Dresden. Lange sucht er nach einem leerstehenden Haus, in dem die Gaszufuhr noch funktioniert. Als er den Gasherd öffnet und seinen Kopf hineinlegt, ist er gerade dreißig Jahre alt. In der staatlichen Presse reißen die Erfolgsmeldungen über »unsere humanistische Erziehung« nicht ab.

4.
Im Wettlauf mit der Zeit

Der Run auf den Computer

Ende der 70er Jahre bricht hinter den dick gepolsterten Türen der Kommandohöhe so etwas wie Panik aus. Sie bleibt der Öffentlichkeit weitgehend verborgen, lediglich im Wirtschaftssektor flüstert sie sich ein, zwei Etagen tiefer: Nach Jahren eines beachtlichen Aufschwungs steht der DDR-Wirtschaft plötzlich eine Krise ins Haus, die, je ungeschminkter Experten ihr Ausmaß benennen dürfen, desto schärfer eine Dimension von »Sein oder Nichtsein« anzunehmen droht.
Gleich von zwei Seiten bricht das Debakel über das ZK herein. Zum einen wird der Weltmarkt von einer einschneidenden Energiekrise geschüttelt; die Preise auf dem internationalen Energie- und Rohstoffsektor schnellen in die Höhe, eine Verschiebung der Preisrelationen zum Nachteil von Fertigerzeugnissen schafft eine veränderte Marktsituation und verschärft die internationale Konkurrenz. Die DDR-Wirtschaft mit ihrem chronischen Mangel an Kapital, Energie und Rohstoffen wird von dieser Krise unbarmherzig eingeholt.
Und nicht nur sie. So gut es ging, hatten sich die Ostblockländer im Rat für Gegenseitige Wirtschaftshilfe verpuppt.

Unter Bruderkuß und Bündnistreue wurde das kapitalistische Wechselspiel von Angebot und Nachfrage nicht nur verschmäht, sondern auch lange Zeit unterschätzt. Nun schlägt der Markt auf die RGW-Enklave zurück, zieht diese unaufhaltsam in die weltweite Krise hinein.

Doch die Unruhe hat einen zweiten Grund: Die DDR-Wirtschaft hat eine wichtige Stufe der Computertechnologie mehr oder weniger verschlafen. Während High-Tech in den führenden Industrienationen längst zum Standard gehört, plagt sich die DDR noch immer mit ihren alten, ineffektiven Technologien herum.

Das Problem ist nicht neu, doch waren Kassandrarufe weitsichtiger Wirtschaftsspezialisten bis dahin selbstherrlich ignoriert worden; Vorschläge, die nicht ins Konzept paßten, verschwanden auf dem Wege der Administration in irgendwelchen Schubladen. Soviel wird nun klar: Den verschärften Wettbewerbsbedingungen, die absehbar die 80er Jahre prägen werden, ist die ineffektive DDR-Wirtschaft nicht gewachsen.

Ein Wettlauf mit der Zeit bahnt sich an. Experten zufolge (denen sich nun auch bisher taube Ohren zuneigen) wird sich der Abstand der DDR-Wirtschaft zu den führenden Industrienationen – gelingt ihr der technologische Anschluß nicht bis Mitte der 80er Jahre – derart hoffnungslos vergrößern, daß ein baldiges Ende der »Einheit von Wirtschafts- und Sozialpolitik« abzusehen ist. Das aber hieße Aufmupf unter den sich unerschütterlich am Westen orientierenden DDR-Bürgern, hieße eine Abhängigkeit vom »Klassenfeind«, deren politische Folgen nicht abzusehen sind.

Die Kurskorrektur muß also rasant und zugleich unauffällig vollzogen, der Spielraum unter der unantastbaren Prä-

misse »Zentrale Planwirtschaft« in alle erdenkliche Richtungen ausgelotet werden.
Fieberhaft werden Mängel und Schwächen analysiert, werden Kosten und Gewinn ins Verhältnis gesetzt. Intensives statt bisher extensives Wachstum muß erreicht, die Arbeitsproduktivität maximal gesteigert, die Selbstkosten maximal gesenkt werden.
Erinnerungen an die Ulbrichtsche Intensivierung während der NÖS-Zeit[41] werden wach. Begriffe wie Mikroelektronik, Industrieroboter oder Software geistern bald durch Institute und Forschungseinrichtungen. »Meisterung der wissenschaftlich-technischen Revolution« heißt die alte, nun verschärfte Parole.
Damit die überalterte Produktionstechnik auf effizientere Technologien umgestellt werden kann, müssen vor allem Devisen her. Die Nettoverschuldung gegenüber westlichen Banken ist jedoch bereits auf mehrere Milliarden Dollar angewachsen, den Banken inzwischen die Pumplaune vergangen. Zügig geht die SED deshalb zur Importdrosselung über und eröffnet statt dessen eine Exportoffensive. Von nun an wird gierig nach bunten Scheinen gejagt, wird verkauft, was nicht niet- und nagelfest ist.
Die sinkende Zuwachsrate für das produzierte Nationaleinkommen verbietet (zumindest hinter den Kulissen) jegliche Selbstmogelei. Es wird noch eine Zuspitzung lang dauern, bis tatsächlich Glasnost angesagt ist (wenn auch zunächst nur für die Wirtschaft, wenn auch nur hinter gepolsterten Türen). Bereits jetzt aber hebt ein Wirbeln an, bei dem es auch dem Bürokratenfilz an den Kragen gehen soll. Leitungsfunktionen müssen umverteilt, die Vereinigten Volkseigenen Betriebe zu neuen Kombinaten zusammengeschweißt werden. Das zieht ein weiteres Wirbeln

nach sich. Denn da den neuen, managementgeschulten Generaldirektoren der künftigen Kombinate nicht nur eine hohe Verantwortung zukommen, sondern auch der größtmögliche Entscheidungsspielraum eingeräumt werden soll, muß zugleich am Wirtschaftsrecht gebastelt werden – müssen vor allem zusätzliche Kontrollmaßnahmen her, um Eigenmächtigkeiten auszuschließen. Keinesfalls will sich die Kommandohöhe die Fäden aus der Hand nehmen lassen – ohne Bilanz kein Spielraum!

Das Aufspüren kostenarmer Reserven führt die Partei unweigerlich ins Bildungswesen, von dem eine besonders hohe Bremskraft auszugehen scheint. Die Schulfunktionäre werden um eine zügige »Innovationsanalyse« gebeten. Diese nun zeigt ein in jeder Hinsicht unbefriedigendes Resultat. Der Bildungsvorlauf der Schulen hält den erhöhten Ansprüchen der »wissenschaftlich-technischen Revolution« nicht stand, Spitzenleistungen gelten noch immer als Ausnahme. Statt »massenhaftes Schöpfertum« freizusetzen, wird zu sehr gemuddelt und Stoff abgearbeitet.

Die jahrzehntelange Strategie von »Zuverlässigkeit statt Kühnheit« rächt sich jetzt ebenso bitter wie die Einheitsschul-Devise »Wir lassen keinen zurück«, die zu den wenigen tatsächlich sozialistischen Elementen der DDR-Schule zählte, die zugleich aber auch das reale Bildungsniveau verschleierte.

Der Stand der DDR-Wirtschaft und das gebotene Anschlußtempo schreien geradezu nach einer technischen Elite. Darauf aber ist die Einheitsschule mit ihrem unschöpferischen Gesamtklima, ihrer Gängelei und dem systematischen Aberziehen jeder Risikofreudigkeit nicht vorbereitet; sie produziert entschieden zuviel Mittelmaß. Im Übergang von den 70er zu den 80er Jahren startet die

Parteiführung deshalb ein Komplexprogramm, das sich nur im zentralistisch straffen Rahmen bewältigen läßt – und nur über den auf »Mitziehen« und »Ausführen« getrimmten DDR-Bürger.

Das Programm hat für groß und klein zwei ineinander verzahnte Stoßrichtungen – massenhaftes Schöpfertum und Spitzenleistung – sowie ein ideologisches Korsett, das beides von vornherein verhindert. Denn die Sozialismus-Lüge schnürt genau jene Kräfte ab, die sich entfalten sollen. Um tatsächlich massenhaft Kreativität freizusetzen, müßte die SED-Führung ihr eigenes Informationsmonopol brechen, müßte sie nicht nur die dicken Polster von den Türen, sondern die Türen gleich ganz aufreißen. Sie müßte den alten Luxemburgschen Forderungen nach Meinungs-, Versammlungs- und Pressefreiheit breiten Spielraum einräumen und damit riskieren, wegen Lüge und Unfähigkeit selbst bald von der Kommandohöhe gefegt zu werden.

Das gilt es zu vermeiden. Ein einziger Blick ins polnische Nachbarland genügt, um die Folgen schlechter Vorarbeit zu erfassen: Der Spielraum für »Konterrevolutionäre« rüttelt nicht nur an der Herrschaft im eigenen Land, sondern erschüttert gleich den ganzen Block (denn nicht nur ziehen die Sowjets bereits drohend die Brauen hoch, die DDR wartet bald auch vergeblich auf ihre Kohlelieferungen).

Nein, der Siebenmeilensprung muß ein ausschließlich ökonomischer sein! Er verlangt also sowohl innenpolitische Stabilität als auch ein geschicktes Kanalisieren des kreativen Potentials in die »richtigen« Bahnen.

So entfaltet die Partei aus doppeltem Druck heraus erstmals eine wirklich flexible Innenpolitik; sie beginnt zu

differenzieren. Die Handreichung gegenüber der Kirche im Jahre 1978, die diesen Apparat als potentiellen Oppositionsfaktor ruhigstellen soll (was ein Jahrzehnt lang weitgehend gelingt), ist ebenso ein Teil des neuen Kurses wie der gleichzeitige Ausbau der Staatssicherheit und die Verschärfung des politischen Strafrechts von 1979.
Der Aufbruch in die Ära des Computers, der im Unterschied zu Ulbrichtschem Pathos nun betont unauffällig und sachlich über die Bühne geht, erfaßt vor allem Schule und Arbeitswelt, mit dem Ziel einer effektiveren Verknüpfung.
Zunächst geht für die Einheitsschule ein neues Lehrplanwerk in Auftrag, das ab 1982 schrittweise eingeführt werden und den »Transmissionsriemen Bildung« so eng wie möglich den wirtschaftlichen Erfordernissen anpassen soll. Konzipiert ist es bis ins nächste Jahrtausend.
Zugleich wird ein massives Beiprogramm entwickelt, um dem wissenschaftlich-technischen Interesse »unserer Jungen und Mädchen« auf die Sprünge zu helfen. Das funktioniert: Schon nach einer erstaunlich kurzen Anlaufzeit überschlägt sich die DDR-Presse mit Berichten von »Messen der Meister von morgen« und anderen Leistungsschaus, auf denen Jugendliche stolze Ergebnisse im Neuern, Erfinden und Rationalisieren vorweisen können.
Jugendbrigaden und Jugendforscherkollektive erobern die neuen Schlüsseltechnologien – die Parole »Wissen ist Macht« wird durch eine Variante bereichert: den Run auf den Computer.
Beim Thema »Spitzenleistung« kommt die Partei nun auch nicht länger um die heikle Begabungsfrage herum. So unauffällig und so ideologisch abgepolstert wie möglich tastet sie sich deshalb an Positionen heran, die als »bürger-

liche Begabungstheorie« jahrzehntelang verpönt waren. Wissensdefizite auf dem Gebiet der »genetisch-biotischen und psychischen Determinanten der Kreativitätsentwicklung« werden nun – wenn auch nur in Fachzeitschriften – vorsichtig eingestanden.
Spezialschulen erleben eine Hochkonjunktur, mathematisch-naturwissenschaftliche Begabungen sind so früh als möglich herauszufiltern. Auf Mathe-Olympiaden, in Mathematik- und Physikzirkeln werden nun zielgerichtet Hochbegabte aufgespürt, gefördert und ihrer Spezialisierung zugeleitet.
Beim Aufspüren sieht die Partei jedoch noch eine große Reserve. Nach internen Berechnungen beträgt die Spanne zwischen der möglichen Erkennbarkeit beispielsweise einer mathematischen Begabung und dem Zeitpunkt des tatsächlichen Erkennens 1984 noch immer durchschnittlich drei Jahre – eine Lücke, die es zügig zu schließen gilt.
Kritik wird laut an der Schwerfälligkeit des Schulpersonals. Es ist eine milde Kritik unter dem Tenor »Wir müssen und werden es schaffen«, dennoch trifft sie die Falschen. Denn elegant wird nun den Produkten der SED-Erziehung die Rolle des Verursachers untergeschoben, werden sie verantwortlich gemacht für die schleppende Innovation.
Doch anerzogener Gehorsam hat auch seine Lichtseiten. Die abgeschliffenen, schulungsgewohnten DDR-Pädagogen lassen sich schließlich ebenso unkompliziert auf die neue Linie umprogrammieren wie ihre Ausbilder.
Enorm dazugelernt hat die Parteiführung auch beim Kampf um ihren Lehrerbestand. Um die Fluktuationsrate zu drosseln, ließ sie Gehälter und soziale Leistungen für Angehörige der »Volksbildung« stark anheben. Darüber hinaus wählt die SED nun auch den Nachwuchs geschickter

aus. Gewachsen ist der Anspruch an die Intelligenz des Lehrers, gewachsen ist zugleich der Anspruch an seinen »festen Klassenstandpunkt«. Der Auswahlmodus hat sich weiter verfeinert. Galt früher vor allem die »positive Haltung« des Schülers als ausschlaggebendes Kriterium für einen Pädagogik-Studienplatz, so gewinnt nun zusätzlich die Linientreue des Elternhauses an Bedeutung.

Die beiden eisernen Vorgaben favorisieren folgerichtig eine ganz bestimmte gesellschaftliche Gruppierung: die Intelligenz- und Funktionärsschicht. Aus ihr vor allem rekrutiert die Partei in den 80er Jahren ihren Lehrernachwuchs. Hier weiß sie jene Eltern, die einst selbst zuverlässig genug waren, eine höhere Bildungsstufe erklimmen zu dürfen; hier reproduziert sich Linientreue oder doch wenigstens Anpassung am verläßlichsten.

Zielgerichtet wird also der »Berufswunsch Lehrer« an konkrete Schüler herangetragen (und da sich dieser Beruf noch immer keiner allzu großen Beliebtheit unter Jugendlichen erfreut, werden – als Mischung von Lockmittel und Notwendigkeit – beim Berufswunsch »Pädagoge« bevorzugt Abiturplätze bereitgestellt).

Und selbst innerhalb dieser Schicht gibt es noch besonders favorisierte »Stammbäume«: Es werden bevorzugt jene Kinder angesprochen, deren Eltern entweder selbst Lehrer sind oder der Staatssicherheit angehören. Diese Elternhäuser gelten der Führung inzwischen als »ideologische Bank«, und aus dieser Favoritenrolle erklärt sich auch der überdurchschnittlich hohe Anteil von SED-Mitgliedern unter den Eltern von Pädagogikstudenten. Nach einer internen Intervallstudie des Zentralinstituts für Hochschulbildung aus dem Jahre 1985 stellt sich dieses Auswahlprinzip in überzeugenden Zahlen dar.

Für die Pädagogikstudenten der DDR von 1985 gilt:

46% der Väter haben einen Hochschulabschluß (Mütter 26%)
36% der Väter haben einen Fachschul-
abschluß (Mütter 19%)
5% der Väter sind Meister (Mütter 0%)
13% der Väter sind Facharbeiter (Mütter 50%)
0% sind ungelernt (Mütter 5%)

Diese Zahlen gewinnen noch an Bedeutung, setzt man sie ins Verhältnis zum gesamtgesellschaftlichen Qualifikationsstand: 1985 beträgt der Anteil der Berufsgruppen mit einer niederen Bildung (Meister, Facharbeiter, Ungelernte) unter den Werktätigen der DDR noch immer 78 Prozent.

Abgesehen von dem wenig erfreulichen Tatbestand, daß auch DDR-Frauen im Verhältnis zu ihren Männern noch immer unterqualifiziert sind, beschreibt dieser Zahlenvergleich die Kontinuität der SED-Bildungspolitik. Eine Kontinuität sowohl in ihrer Variablen als auch in ihrer Konstanten.

In der Variablen drückt sich der zunehmende ökonomische Zwang aus, unter den die Partei geraten ist – ein Zwang, aus dem heraus der einstige Anspruch, Arbeiterkinder besonders zu fördern, längst unter der Rubrik »Es war einmal« abgehakt werden mußte – trotz unerschütterlicher Gegenbehauptung.

Die Konstante beschreibt die Situation der Regierung als eine dem Volk aufgezwungene: Um des Erhalts ihrer Macht willen muß sie eisern am alten leninistischen Prinzip festhalten, sich langfristig durch eine zuverlässige Nomenklatura abzusichern. Und da eben der Schule (sowohl als Basis der Gesamterziehung als auch in ihrer Funktion als Sortiermaschine) erkanntermaßen eine Schlüsselrolle bei der Machterhaltung zukommt, macht die eifrige Systematik bei den Auswahlverfahren für ihr Personal durchaus Sinn.

Die Berufsverbotspraxis wird perfekter, die wenigen sozialistischen Elemente im Bildungswesen sind längst dem Wettbewerb zum Opfer gefallen. Die Parteiführung tut klug daran, gleich den ganzen Bereich auf Tauchstation zu schicken.

Eine neue Elite, eine linientreue Intelligenz

Mitte der 80er Jahre ist der Wettlauf in vollem Gange. »Die Ökonomie ist zum Hauptfeld der Klassenauseinandersetzung unserer Zeit geworden!«, spornt Wirtschaftschef Mittag das werktätige DDR-Volk zu höheren Leistungen an.

Inzwischen sind beim Intensivieren erstaunliche Erfolge zu verbuchen, doch noch immer ist die DDR der Hase, der den Igel schon vorfindet. Längst hat der Kampf um Spitzenleistungen das spähende Auge der Wissenschaft vom Osten in Richtung Westen kreisen lassen. Doch noch immer baumelt der »Transmissionsriemen Bildung« zu schlaff zwischen Wissenschaft und Wirtschaftspraxis, landen zuwenig Spitzenforschungsergebnisse in den Betrieben und Kombinaten.

Die Jagd nach Hochbegabten erreicht eine neue Qualität.

Sorgfältig hat die Partei die Begabungstheorien der westlichen Hemisphäre von Psychologen durchforsten lassen, denn ihr eigener, reicher Erfahrungsschatz aus der jahrzehntelangen Zucht einer Sportelite half ihr hier kaum weiter.

Im Sport war das Prinzip noch überschaubar: Jedes Kindergartenkind wurde rechtzeitig entsprechenden Hebelmessungen seiner Gliedmaßen unterzogen. Stimmten Hebel und die anderen unverzichtbaren Parameter überein, galt das Kind als leistungssporttauglich, und man hob es bald aus der Masse heraus. Es wurde in ein ausgeklügeltes Trainingsprogramm eingetaktet und wie ein Zuchttier mit spezifischem Mischfutter gepäppelt und gedopt. Hielt es den Erwartungen nicht mehr stand, konnte man es stillschweigend wieder in die Masse zurückfallen lassen.

Beim Mathematik- oder Physiktalent kommt die Partei mit diesem Modell nicht sehr weit. Wann und woran erkennt man hier eine Hochbegabung?

So muß sie beispielsweise erst lernen, daß das hochbegabte Kind sich keineswegs durch einen Leistungsdurchschnitt von 1,0 auszeichnen, keineswegs ein braver Jungpionier sein muß, daß auch bisher unbeliebte Merkmale wie Anpassungsschwierigkeiten, Kommunikationshemmungen – bis ins Stottern hinein – oder auch ein bizarres Zensurenbild eine naturwissenschaftliche Hochbegabung ankündigen können. Zentimeter um Zentimeter mußte sie sich hier auf Neuland vortasten. Es ist das Neuland »Individualität«, das schon während der sowjetischen Frühphase unter den Pflug geraten war.

Nun ist es lediglich eine Frage der Zeit, bis die Lehrerkollektive fündig werden – den Leitfaden dafür halten sie bereits in der Hand:

Die Persönlichkeit ist als bewußt handelndes Subjekt zu sehen, das sich in der Tätigkeit und durch die Tätigkeit entwickelt. Umweltbedingungen, somit auch die Einflüsse von Bildung und Erziehung, wirken nur über den Filter der inneren Bedingungen, in aktiver Auseinandersetzung. Bei Begabten, besonders bei Hochbegabten, liegt in dieser Richtung generell eine andere, recht differenzierte Persönlichkeitsstruktur vor. Dieses Bedingungsgefüge gilt es in verantwortungsvoller Weise zu erkennen und in der pädagogischen Tätigkeit differenziert zu berücksichtigen.[42]

Mitte der 80er Jahre rührt der riesige Personalstab des DDR-Schulwesens also bereits kräftig in der Einheitssoße, um auch noch die versteckteste naturwissenschaftliche Begabung zu erschließen und sie unverzüglich ihrer Nutzbarmachung auf dem Hauptkampffeld zuzuführen.
Für das entdeckte Mathe-As brechen damit Zeiten an, nach denen sich DDR-Eltern jahrzehntelang vergeblich sehnten (und weiter sehnen müssen, insofern ihnen nicht der genetische Zufall einen mathematisch-naturwissenschaftlichen »Volltreffer« beschert hat). Denn besteht das Talent die Aufnahmeprüfung an einer der Spezialschulen für Mathematik und Naturwissenschaften, so ist es für eine Elitelaufbahn vorprogrammiert. Das heißt, es kann endlich dem biederen Allerlei entfliehen, in dem seine Mitschüler unentrinnbar dümpeln müssen. In den nächsten vier Jahren wird ihm eine Ausbildung zuteil, die eher an ein gutes westliches College erinnert als an eine DDR-Schule.
Eine Elite von DDR-Pädagogen nimmt das Talent nun unter ihre Fittiche – hochintelligente, speziell geschulte

Fachlehrer, die selbstverständlich auch als ideologisch absolut zuverlässig gelten. Sie nun sind angehalten, die Begabungen keineswegs zu gängeln, sondern locker und äußerst differenziert zu motivieren. Die Lehrpläne für Mathematik, Physik, Biologie, Chemie und Informatik werden ständig aktualisiert und in ungewöhnlichen Kombinationen dargeboten – schöpferisches Denken ist hier ausdrücklich erwünscht. Und da sich das kreative Moment auch über den Umweg Kunst oder Sport freisetzen könnte, sind selbst die Arbeitsgemeinschaften der Spezialschulen personell erstklassig besetzt.

Der Eliteschüler genießt so das in der DDR seltene Privileg, als Persönlichkeit ernst genommen zu werden – wenn auch nur im Rahmen des Möglichen. Niemand regt sich hier auf, wenn er seine Turnschuhe in einer Westtüte verpackt zur Schule bringt. Äußert er eine kühne politische These (die er – aufgrund seines Alters, seiner fehlenden Geschichtskenntnis und der Informationsbeschneidung, die ihn wiederum mit allen anderen DDR-Bürgern eint – ohnehin nicht beweisen kann), so ist er keineswegs zu relegieren, sondern sein kühner Denkansatz geschickt auf seine Spezialbegabung zurückzuleiten.

Dem männlichen Eliteschüler winkt zudem noch ein anderes Bonbon: Legt er sein Abitur mit »Ausgezeichnet« ab, so wird ihm die Hälfte der Armeezeit erlassen (die für Spezialschulen ohnehin bereits auf den Grundwehrdienst reduziert wurde). Er braucht also nur noch schlaffe neun Monate zur Fahne. Und vermag er bereits mit genialen Leistungen aufzuwarten, so muß er überhaupt keine Uniform anziehen, dann krallt ihn die Forschung ganz ohne Umschweife ein.

Der Kampf um den ökonomischen Anschluß bricht die

übliche Altersgrenze der Forscher nach unten auf. Generaldirektor Biermann, ein innovativer Spitzenreiter der DDR-Wirtschaft, leistet auch hier Pionierarbeit: 1986 läßt er Schüler der Spezialschule Jena in Forschungsaufgaben seines Kombinats einbinden. Mit großem Gewinn – die betreffenden sechs Schüler erhalten 1987 erstmals den Carl-Zeiss-Preis, der bisher nur an Studenten vergeben wurde.

Der genetische bzw. biologische Zufall, ein Mathe- oder Physik-As zu sein, verschärft eine Klassifizierung, die ohnehin längst keinem sozialistischen Anspruch mehr standhält. Erneut wird deutlich: Der DDR-Bürger wird ausschließlich nach dem Grad seines gesellschaftlichen Nutzens gewertet, und über diesen befindet ausschließlich die SED-Führung, nach diesem verteilt sie willkürlich ihre Privilegien.

Daß das Mathe-As aufgrund seiner Spitzenleistung bald auch spitzenmäßig entlohnt wird, scheint durchaus noch gerechtfertigt. (Leistungsdifferenzierung findet hier einen überzeugenderen Niederschlag als in den meisten anderen Bereichen der Gesellschaft, in denen noch immer vor allem ideologische Anpassung honoriert wird.) Doch was man ihm aufgrund seiner »Nützlichkeit« nun als Privileg zugesteht, sind die selbstverständlichsten Menschenrechte, die man der überwiegenden Mehrheit allerdings vorenthält: Achtung der Persönlichkeit, das Zugeständnis von individuellem Freiraum in Beruf und Privatleben, der Anspruch auf eine Ausbildung, die der Intelligenz und Begabungslage des einzelnen entspricht...

Ungeachtet des ideologischen Schwulstes, mit dem die Staats- und Parteiführung jede fragwürdige Maßnahme in ihr Gegenteil interpretiert, vertieft sie damit den Graben

zwischen Masse und Elite weiter – ein Graben, der bereits die Lager Masse/Bonze oder Masse/anerkannter Künstler weit voneinander trennt.
Den Spitzenbegabungen bleiben die bedrückendsten Erfahrungen ihrer Altersgefährten erspart: die Kollektivgängelei, die verschärfte Militarisierung, die Gnade eines Abiturplatzes aufgrund ausgewiesener Linientreue, die Gewissenskonflikte des »Durchschnittsabiturienten«, der nur dann einen begehrten Studienplatz erhält, wenn er seinen Patriotismus durch eine schriftliche Verpflichtung zu dreijähriger Armeezeit bekundet.
Für die Masse gelten die bewährten Erpressungsmanöver. Auch diese haben im Laufe der Jahre enorm an Qualität gewonnen. Die DDR hat sich inzwischen zum Staat mit einer perfekten Berufsverbotspraxis gemausert. Je besser die SED ihr Schulpersonal im Griff hat und je deutlicher sich das Verhältnis Studienrichtung/-bewerber in Richtung letzterer verschiebt, desto effektiver kann sie auswählen.
Mitte der 80er Jahre werden die verschlissenen Direktoren der Erweiterten Oberschulen fast ausnahmslos und stillschweigend ausgewechselt. Statt der herzattackengefährdeten Altstalinisten bringt nun eine neue Karrieregeneration den Laden in Schwung. Es handelt sich dabei fast ausnahmslos um Frauen im Alter von 45–55 Jahren, die ihren »Klassenauftrag« mit großem Ehrgeiz und unverbraucht rigide erfüllen. (Mehrere hundert Abiturienten, die ich 1986/87 in verschiedenen Städten der DDR heimlich interviewte, versahen diesen neuen Direktorinnentyp erschreckend häufig mit einem Attribut: BDM.)
Dieser Personalwechsel zieht noch einmal »Reinigung« nach sich, das heißt Flucht und Versetzung. Wer dem

neuen Drill entfliehen, aber dennoch Lehrer bleiben will, stuft sich lieber wieder an eine Zehnklassenschule zurück – andere werden zwangsweise dorthin gestuft. Auch an die relativ ideologiearmen Hilfsschulen drängen nun Lehrer, die zuvor problemlos Abiturienten unterrichteten.
Die Sortiermaschine erreicht preußische Effizienz.
Nach den Kriterien
– wirtschaftliche Notwendigkeit,
– fester Klassenstandpunkt,
– soziale Zusammensetzung
wird der Nachwuchs der DDR-Intelligenzija sorgfältig herausgefiltert, wobei den Schulen exakte Kennziffern über die Anzahl der vakanten Studienplätze zur Verfügung stehen.
Nach dieser gezielten Vorauslese sieben die Zulassungskommissionen an den Hochschulen noch einmal nach.

Vorrangig zum Studium zuzulassen sind:
– Mitglieder und Kandidaten der SED mit guten und sehr guten Leistungen,
– politisch engagierte, leistungsstarke Arbeiter- und Bauernkinder,
– fachlich gute und gesellschaftlich engagierte Bewerber aus politisch hervorragenden Elternhäusern,
– verdienstvolle Werktätige, die durch Betriebe und andere Institutionen unter Ankündigung eines Studienförderungsvertrages delegiert werden,
– Träger der Lessing-Medaille in Gold bzw. der Liebknecht-Medaille nach der Reifeprüfung,
– Preisträger und Medaillenträger aus Spezialklassen, sofern dies für die gewählte Studienrichtung ausschlaggebend ist.[43]

Welche Folgen dieses scharfe Auswahlverfahren zugunsten der Herrschaftsabsicherung der SED hat, beweist ein Zahlenvergleich. (Alle folgenden Angaben entstammen parteiinternen Materialien des Zentralinstituts für Jugendforschung und des Zentralinstituts für Hochschulbildung der DDR.)

1. Der Legitimationszwang, Arbeiterkinder fördern zu müssen

Seitdem die Reproduktion der »sozialistischen Intelligenz« sich zunehmend auf die Eckpfeiler »Linientreue« und »Wissenschaftliche Höchstleistung« stützt, gerät das dritte Auswahlkriterium immer mehr zum Hemmschuh: der verpflichtende Anspruch, Arbeiter- und Bauernkinder besonders zu fördern. Auf den jedoch kann die SED als selbsternannte »revolutionäre Vorhut der Arbeiterklasse« nicht ohne weiteres verzichten, will sie ihrer Behauptung, in der DDR regiere die Arbeiterklasse, nicht völlig den Boden entziehen.

Das Problem ist nicht neu, also hilft man sich damit, die Statistiken nach Kräften zu manipulieren:

So tauchen beispielsweise sämtliche Studienbewerber, die einen Beruf erlernt und zugleich das Abitur gemacht haben, in der Statistik als Arbeiter auf, obwohl die meisten von ihnen direkt von der Lehre zur Armee und von da direkt zum Studium übergehen. Tatsächlich haben 1985 von allen Hochschulbewerbern ganze 8% vor Studienbeginn gearbeitet.

Bei den übrigen Bewerbern, den Abiturienten ohne Berufsausbildung, wird der Qualifikationsgrad der Eltern zugrunde gelegt. Und hier wird nun unverdrossen weitergeschummelt. Statistisch erfaßt wird der jeweils weniger qualifizierte Elternteil, und das ist, nach gutem alten Brauch, zumeist die Mutter. Ist also beispielsweise der Vater eines Bewerbers Betriebsdirektor, dessen Gattin aber seit zwanzig Jahren Hausfrau, so findet sich der Bewerber, falls seine Mutter vor zwanzig Jahren den Facharbeiterbrief erworben hat, als Arbeiterkind wieder. Selbst der Sproß des Superintendenten geht als »Prolikind« durch, so seine Mutter dem Vater als Katechetin zur Seite steht.

Es herrscht ein künstlich-hilfloses Schieben und Tricksen, das die Lage jedoch kaum verschleiern kann.

Tatsächlich nämlich bewerben sich in der 80er Jahren Arbeiterkinder wieder so selten wie einst zum Studium. Die Gründe dafür sind nachvollziehbar: Da die besondere Fürsorge ihnen gegenüber nach und nach unter den Tisch fiel, nahmen Tradition und kulturelles Umfeld der Familie an Bedeutung wieder zu. So orientieren Arbeiter ihre Kinder auch heute noch vorwiegend auf eine praktische, wenn auch durchaus qualifizierte Tätigkeit. Am ehesten findet man sie in technischen Hochschulzweigen. Während sich hier die Studienfächer Informatik, Elektrotechnik, Elektronik (die Domänen der künftigen technischen Elite) durch einen hohen Anteil an Intelligenzkindern auszeichnen, gilt unter Arbeiterkindern beispielsweise Maschinenbau als bevorzugter Studienwunsch.

1985 haben im Bereich Maschinenbau:

37% der Studentenväter einen
    Hochschulabschluß   (Mütter 6%)
16% der Studentenväter einen
    Fachschulabschluß   (Mütter 25%)

6% der Studentenväter sind Meister (Mütter 0%)
40% der Studentenväter sind Facharbeiter (Mütter 62%)
1% der Studentenväter sind ungelernt (Mütter 7%)

2. Der Zwang zur wissenschaftlich-technischen Höchstleistung

Der Wettlauf um eine konkurrenzfähige Wirtschaft hat das Leistungsprinzip rapide auf Rang eins der Prioritäten katapultiert. Das Überleben der DDR-Wirtschaft hängt längst nicht mehr von ideologischen Spitzfindigkeiten ab, sondern vor allem von einem raschen Aufschwung wissenschaftlich-technischer Höchstleistungen.
Diese Erkenntnis schlägt sich besonders in jenen Studienzweigen nieder, in denen die (nunmehr hoffähige) Begabung zum diesbezüglich effektivsten Einsatz kommt, den mathematisch-naturwissenschaftlichen.
Da die Begabung in ihrem noch nicht völlig erschlossenen Verhältnis von Anlage und kulturellem Umfeld am ehesten in der Schicht der Intelligenz zu finden ist, erhöht sich also in den Studienzweigen Mathematik, Physik, Medizin und Biologie der Anteil an Intelligenzkindern sprunghaft.
Hatten hier 1974 noch mäßige 34% der Studenten einen Vater mit Hochschulabschluß, so sind es 1985 bereits 59%. Parallel dazu sank der Anteil von Kindern mit nieder qualifizierten Vätern (Facharbeiter, Ungelernte) von 35% im Jahre 1974 auf 18% im Jahre 1985. Auch im »Arbeiter- und Bauern-Staat« reproduziert sich also die Geisteselite zunehmend aus ihrer eigenen Schicht.

1985 haben im naturwissenschaftlichen Bereich:

59% der Studentenväter einen
    Hochschulabschluß   (Mütter 22%)
19% der Studentenväter einen
    Fachschulabschluß   (Mütter 34%)
 4% der Studentenväter sind Meister   (Mütter 1%)
18% der Studentenväter sind Facharbeiter (Mütter 39%)
 0% der Studentenväter sind ungelernt   (Mütter 4%)

Hier wie auch im vorherigen Zahlenvergleich spuckt die Tabelle eine pikante Nebeninformation aus: Auch im »Sozialismus« ist die Frau gegenüber dem Mann noch immer unsozialistisch unterqualifiziert.
Im Jahr 1987 sind unter allen Studentenvätern der DDR ca. 50 Prozent höher qualifiziert als ihre Frauen; von den Studentenmüttern dagegen sind lediglich 10 Prozent höher qualifiziert als ihre Männer. Bei 40 Prozent der Eltern von Hochschulstudenten besteht inzwischen ein übereinstimmendes Bildungsniveau.

3. Der Zwang zur Linientreue

Als scharfer Eckpfeiler bei der Vergabe von Studienplätzen gilt der »feste Klassenstandpunkt« – für das ZK die Garantie, nicht irgendwann von einer aufmüpfigen Intelligenz vom Sockel gehoben zu werden. Die traumatische Unzuverlässigkeit der Intelligenz in den späten 40er und den 50er Jahren hat die Partei dazu veranlaßt, diese »Qualität« zur eisernen Voraussetzung bei der Vergabe von Studienplätzen zu erheben.
Doch muß sie nun dort, wo eine naturwissenschaftlich-

technische Begabung dringend erforderliche ökonomische Punkte verheißt, wieder so manches Auge zudrücken. In wenigen innovativen Zweigen, wie beispielsweise Sprachwissenschaften, Journalismus oder Kunst, wird kein Auge zugedrückt – hier fließt jedoch das leidige Kapitel der »Beziehungen« zusätzlich ein.

In jenen Bereichen aber, die als besonders machtstabilisierend gelten, wie Jura, Staats- und Gesellschaftswissenschaft, sind Bewerber ohne Parteiabzeichen (das gilt auch für die Eltern) meist von vornherein ohne Chance.

Hochinteressant ist nun die Rolle der Intelligenz (in ihrem DDR-charakteristischen Übergang zur Funktionärsschicht), wo besondere Linientreue geboten ist. Hatten beispielsweise 1974 im Bereich »Gesellschaftswissenschaft« 45 Prozent der Studentenväter einen Hochschulabschluß, so betrug deren Zahl im Jahre 1985 70 Prozent. Der Arbeiter muß offenbar einen ideologisch weniger zuverlässigen Eindruck hinterlassen haben, denn: 1974 waren 41 Prozent der Gewi-Studenten Arbeiterkinder – im Jahre 1985 sind das lediglich noch 25 Prozent.

Aber selbst innerhalb der Intelligenz – als mittlerweile anpassungsfreudigster Schicht der DDR-Bevölkerung – weiß die SED noch einmal fein zu differenzieren. Außerordentlicher Beliebtheit erfreuen sich beispielsweise die »homogenen Intelligenzfamilien«, jene Familien also, in denen auch Frauen auf einen Hochschulabschluß verweisen können. So ist DDR-weit eine Zunahme von Hochschulstudenten zu verzeichnen, die solchen »homogenen Intelligenzfamilien« entstammen (die zum großen Teil auch homogene Funktionärsfamilien sind). Diese Homogenität gilt der SED-Führung als besonders geeignet für die Reproduktion ihrer Nomenklatura. In keinem anderen

Studienzweig gibt es unter Studentenmüttern eine derart hohe Qualifikationsstufe wie in den Gesellschaftswissenschaften.

1985 haben in diesem Bereich:

70% der Studentenväter einen
    Hochschulabschluß   (Mütter 52%)!
5% der Studentenväter einen
    Fachschulabschluß   (Mütter 3%)
0% der Studentenväter sind Meister   (Mütter 0%)
25% der Studentenväter sind Facharbeiter (Mütter 45%)*
0% der Studentenväter sind ungelernt   (Mütter 0%)
*heute zumeist Hausfrau im Funktionärshaushalt.

Der Tabelle sei noch eine Information hinzugefügt: 40 Prozent der Mütter von Hochschulstudenten, die selbst einen Hochschulabschluß aufweisen können, sind Lehrerinnen!
Ein Kreis schließt sich. Die jahrzehntelang sortierte und jahrzehntelang disziplinierte Berufsgruppe der Pädagogen steht in den 80er Jahren unter den Garanten für Disziplin und einen »festen Klassenstandpunkt« ganz weit vorn.
1986 ist dieser Beruf unter sämtlichen Müttern sämtlicher Hochschulstudenten der DDR mit 11% vertreten und damit völlig überrepräsentiert.
Den Pädagogen kommt so bei der Reproduktion der »sozialistischen Intelligenz« ein außerordentlich hoher Stellenwert zu.

Der Lehrer –
ein Propagandist der Partei

Auch Ende der 80er Jahre empfinden die meisten DDR-Jugendlichen die Schulatmosphäre als bedrückend. Anders jedoch als vor zwanzig oder gar dreißig Jahren sind die Spielregeln inzwischen desillusionierend klar. »Aufrichtig sein« heißt mitlügen, »sozialistisch handeln« heißt linientreues Ausführen von FDJ-Aufträgen. Die Bewußtseinsspaltung ihrer Eltern, sich DDR-Wirklichkeit so zurechtzuinterpretieren, daß man es darin aushalten kann, vollziehen Jugendliche kaum mehr mit. Sie wissen: Ihre Zukunft hängt ab vom Grad der Beherrschung der Spielregeln. Eine Chance auf die wenigen vakanten interessanten Berufe, auf einen Abitur- und Studienplatz hat nur, wer die ideologischen Salti ohne große Grimassen zu absolvieren vermag. Das schützt sie vor einem bösen Erwachen, das läßt sie aber auch nüchterner rechnen: Wer die Spielregeln für sich nicht akzeptieren kann, wartet seinen 18. Geburtstag ab und stellt dann einen Ausreiseantrag. Andere suchen sich ihren Platz auf der technischen Schiene, wo der Freiraum inzwischen größer geworden ist.
Nüchtern wie die Einschätzung ihres Staates fällt auch die Beschreibung ihrer Lehrer aus. Die »Zensuren«, die sie ihnen verpassen, laufen in der Tendenz auf »versetzungsgefährdet« hinaus. In den Jahren 1986/87 interviewte ich insgesamt etwa 1100 DDR-Jugendliche zum Thema »Staat und Schule«; die Gespräche fanden illegal und meist in kleineren Gruppen statt.
In der Beurteilung ihrer Lehrer waren sich die meisten auffallend einig, so daß sich daraus im wesentlichen vier (einander überschneidende) Grundtypen ableiten lassen:

1. Der »Durchschnittslehrer«: Ist um guten Unterricht bemüht, aber ohne Lockerheit, und wirkt sehr gestreßt. Hinterläßt einen angepaßten Eindruck und reagiert nervös und übereifrig, wenn Direktor oder Parteisekretär auftauchen.
   Dieser Lehrertypus stellt nach Auskunft der Jugendlichen die überwiegende Mehrheit unter den Pädagogen der Zehn-Klassen-Schulen. Ihm werden Frauen und Männer aller Altersstufen zugeordnet (wobei insgesamt eine Überfeminisierung des Schulbereichs zu beobachten ist).
2. Der »Zyniker«: Meidet brisante Themen und gilt als politisch undurchschaubar. Er wirkt glatt bis zynisch, reißt aber gute Witze. Seinen Fachunterricht zieht er interessant und ziemlich straff durch.
   Mit solchen Merkmalen werden fast ausschließlich Männer beschrieben. Offenbar sind sie in der Zehn-Klassen-Schule ebenso häufig zu finden wie in der Abiturstufe. Sie erteilen nach Auskunft der Jugendlichen vorwiegend mathematisch-naturwissenschaftlichen Unterricht und Sport.
3. Der »Glücksfall«: Gilt als aufgeschlossen, gerecht und tolerant. Hat einen »Nerv« für Jugendliche und hält einen interessanten Unterricht.
   Dieser als Glücksfall beschriebene Lehrertyp wird fast ausschließlich unter Frauen ausgemacht und fast ausschließlich in der Altersstufe der 30- bis 40jährigen. In der Abiturstufe ist von solchen Lehrerinnen nie die Rede, doch gelten sie offenbar auch in der Zehn-Klassen-Schule als selten. Beinahe romantisch werden sie verklärt, besonders dort, wo sie den engen Rahmen selbständig erweitern und die Schulleitung damit »geschickt

austricksen«. Dies ist vor allem auf Klassenfahrten der Fall, wo sich eine Art »verschworene Gemeinschaft« bildet, während besagte Lehrerin nach außen die offizielle Linie mitfährt. Diese Doppelrolle wird von Schülern voll akzeptiert. »Würde Frau X. ihre ehrliche Meinung im Lehrerkollektiv äußern, dann wäre sie ganz schnell weg vom Fenster, und wir würden dann die Miesen machen«, verteidigte eine Leipziger Schülergruppe pragmatisch ihre Lehrerin.

4. Die »rote Socke«: Führt einen straffen Unterricht und wird als »fies marxistisch«, »stramm rot« oder sogar »braun« beschrieben (wobei es fast unter allen Befragten zu Diskussionen um diese Begriffe kommt). Zugeordnet werden hier vor allem Direktoren, Parteisekretäre (die auch unterrichten), Staatsbürgerkunde- und Geschichtslehrer – erstaunlicherweise kaum Pionierleiter, die vor allem der Gruppe 1 zugerechnet werden.

Am häufigsten findet sich dieser Lehrertyp in der Abiturstufe. Interessanterweise kommt es hier zu einer deutlichen geschlechtlichen Differenzierung. Männliche Vertreter (deren Alter mit »von etwa 55 aufwärts« angegeben wird) gelten als »dumm«, »borniert« und mitunter als »gewollt kumpelhaft«.

Anders bei Frauen (die auch wesentlich jünger geschätzt werden); hier fallen Begriffe wie »krankhaft ehrgeizig«, »viehisch stramm«, »BDM«, »hysterisch« und »arbeitsgeil«. Ausschließlich dieser Gruppe wird auch die neue Direktorinnen-Generation an der Oberstufe zugeordnet.

Der Respekt Jugendlicher vor ihren Lehrern hält sich in Grenzen. Und doch macht es wenig Sinn, diese als Berufs-

gruppe anzuprangern. Sie sind das Resultat einer gezielten Auswahl. Und die meisten von ihnen sind in den Erziehungsapparat als Täter und Opfer zugleich verstrickt. Denn sie sind dem gleichen demütigenden Lob- und Tadelprinzip ausgesetzt wie ihre Schüler. Auf unzähligen Zensuren- und Lernkonferenzen, in »Parteilehrjahren« und anderen Schulungen werden sie stolzgelobt oder mit erhobener bis schneidender Stimme vor dem gesamten Kollektiv gemaßregelt. Das hat sie im Laufe der Jahre klein gemacht und ihre Autorität bei Schülern schwinden lassen. Der große Pädagogenschliff der 80er Jahre zog die vielleicht letzte Wanderbewegung unter Lehrern nach sich. Sie fand vor allem zwischen den Zehn-Klassen-Schulen statt: Neue Direktorinnen, an Schulen eingesetzt, die bis dahin als »vor sich hin schlummernd« galten, begannen bald, scharf aufzuräumen. So beispielsweise auch in der Schule meiner Tochter. Im Zuge verstärkter Unterrichtseffektivität und verschärfter Erziehung wurden mißliebige Lehrer gezielt zum Gehen veranlaßt. Ich erinnere mich, daß der Klassenlehrer meiner Tochter nach einem solchen Direktorenwechsel binnen weniger Monate zum Alkoholiker wurde und Absprachen nicht mehr einhielt, und plötzlich war er weg; auch ein bei Schülern beliebter alter Englischlehrer, wohl einer der allerletzten aus »besseren Tagen«, war plötzlich von der Schule verschwunden, nachdem zuvor aufgefallen war, daß er immer stiller wurde...
Viele flohen freiwillig. So, wie sich beispielsweise durch die Schauspielerinnung flüstert, an welchem Theater gerade etwas los ist, so flüsterten sich Mitte der 80er Jahre jene Zehn-Klassen-Schulen durch die Lehrerinnung, die noch als einigermaßen liberal galten. Auf diese kraulte man zu

wie auf ein Rettungsboot. Engagierte Lehrer, die der Kinder wegen nicht aussteigen wollten, hielten es dort aus – unter einem Direktor, der des Drills müde war und die ihm aufgetragene Schärfe ein wenig nach unten abbremste. Wenn von solchen Schulen (die als Ausnahmen galten) die Rede war, kam es auch nicht zu diesem gereizten Ton, der Schülern fast immer anhaftete, wenn sie das Erziehungsklima an ihren Einrichtungen beschrieben. Am straffsten im Geschirr sind die Lehrer der Abiturstufe. Ihr Auftrag ist es unter anderem, Offiziere und Pädagoginnen zu werben (hier sei daran erinnert, daß die Abiturklasse bereits eine Auslese darstellt). Wie viele Schüler sie zum Offizier oder zur Lehrerin überreden können – das macht einen Großteil ihres pädagogischen Lobs aus.

Zudem sind sie zu Spitzeldiensten angehalten. So waren beispielsweise Anfang der 80er Jahre Aufnäher wie »Schwerter zu Pflugscharen« oder »Frieden schaffen ohne Waffen« staatlich verboten. Keinem Abiturienten wäre es eingefallen, sich offen zu einem solch pazifistischen Kurs zu bekennen. 1983 nun, im Zeichen des Shakehands mit der Kirche, wurde das Verbot plötzlich aufgehoben. Die Kirche, zu den Nichteingeweihten gehörend, lobte dankbar den Fortschritt. Und doch handelte es sich nur um eine raffinierte Änderung der Strategie; in Dresden brüsteten sich bald darauf Parteisekretäre, sie hätten »Jesus & Co.« ganz schön aufs Kreuz gelegt. Das hatten sie tatsächlich, denn nun wurden Lehrer auf die Spur gesetzt. Da nicht mehr verboten, tauchten derartige Friedenssprüche erwartungsgemäß auch auf Lesezeichen und Turnbeuteln von Abiturienten auf. Die Lehrer waren jetzt beauftragt, solche immunitätsschwachen Schüler unverzüglich zu melden. Die Schüler merkten davon nichts. Ihnen widerfuhr

nichts weiter, als daß ihnen plötzlich ein begehrter Studienplatz trotz ausgezeichneter Leistungen nicht mehr zur Verfügung stand. Und daß die »Zuträger« unter den Schülern (deren es in jeder Abiturklasse mindestens zwei zu geben hat) nun zielgerichtet auf die fraglichen Schüler angesetzt wurden.
Als Spähobjekt Nummer zwei gilt das Elternhaus. Im Anschluß an die turnusmäßigen Elternbesuche hat der Lehrer über deren politische Einstellung zu rapportieren. Und damit der Spitzelkreislauf keine Lücke aufweist, haben die »Zuträger« unter den Schülern wiederum regelmäßig über die politische Arbeit ihrer Lehrer zu berichten. In welche Mühle der »Propagandist« gerät, wenn er ausschert, zeigt der authentische Fall einer – bis dahin »zuverlässigen« – Oberschullehrerin aus Gera:
1987 stellt ein 17jähriger Schüler ihrer Klasse einen Antrag auf Ausreise, nachdem sich seine alleinerziehende Mutter auf einer Dienstreise in den Westen abgesetzt hat. Er wird sofort von der Schule relegiert. Der Vorfall hat zur Folge, daß die Klassenlehrerin politisch-ideologisch überprüft und zu einer schriftlichen Stellungnahme aufgefordert wird. Eine solche Stellungnahme hat auch die FDJ-Gruppe der Klasse (bestehend aus sämtlichen Schülern) abzuliefern. Da hier Freundschaften und Gefühle des Verständnisses das Erfüllungstempo des Auftrags bremsen, braucht die FDJ-Gruppe mehrere Sitzungen, bevor das gewünschte Papier zustande kommt: die einhellige Verurteilung des Schülers.
Parteiliches Kesseltreiben ist auch im Elternaktiv angesagt; auch dieses hat eine Stellungnahme zu erarbeiten, und das heißt ebenfalls die einhellige Verurteilung des Schülers. Hier nun »versagt« die Lehrerin: Aus Sorge, der Schüler

könne Selbstmord begehen, versucht sie vorsichtig, bei den Eltern Verständnis für seine Lage zu erwecken.
Mit ihrer Sorge ist sie aber an der falschen Adresse. Ein Mitglied des Elternaktivs greift sie frontal wegen »Gefühlsduselei« an und schwärzt die Lehrerin umgehend beim Direktor an. Nun gerät auch sie in die Zange: Unvermittelt taucht der Schulrat zwecks Hospitation in ihrem Unterricht auf und findet diesen ideologisch unzureichend. Außerdem wird das Lehrerkollegium aufgefordert, die »Versagerin« mündlich und schriftlich zu ächten (wie stets wird dabei die Argumentation von der Partei vorgegeben) – das Kollektiv spurt reibungslos.
Nun gerät die Lehrerin ebenfalls in eine schwere seelische Krise und stellt schließlich selbst einen Ausreiseantrag. Daraufhin fliegt sie zügig aus der Partei und wird strafversetzt in eine Nachbarstadt, in der sie bis zum Tag ihrer Ausreise in der Unterstufe unterrichtet.
Zweimal begegnet sie zufällig ehemaligen Kolleginnen. Die eine wechselt rasch die Straßenseite; die andere geht auf sie zu, spuckt vor ihr aus und zischt: »Kapitalistenschlampe!« Dazu gab es sicher keinen Auftrag, das war schon ganz freiwillig.
Das Vorkommnis mag an finstere Zeiten erinnern – und doch es ist bis zum Ende der 80er Jahre an jeder beliebigen Oberschule und zu jeder beliebigen Zeit wiederholbar. Ebenso wiederholbar wie der Gesamtvorgang um den Rausschmiß der vier Oberschüler aus der Berliner Ossietzky-Oberschule, der sich nur dadurch vom Alltag abhob, daß er öffentlich wurde.
1989 – der Reformprozeß in Osteuropa ist inzwischen so weit fortgeschritten, daß die Parteiführung ein Überspringen des Funkens auch auf die DDR fürchtet – ist für Lehrer

und Schüler wieder verschärft »Heimat, Vaterland, Kampfbereitschaft« angesagt. Im Frühjahr ruft die Partei zwei Millionen FDJler und einehalb Millionen Pioniere auf, ein Bekenntnis zu ihrem »sozialistischen Vaterland« abzulegen. Lehrer, FDJ-Funktionäre und Kampfpresse erhalten patriotische Spickzettel, in denen – als Fragen getarnt – der ideologische Kurs vorgegeben wird:
»Warum war der Bau der Mauer eine erneute Niederlage für den deutschen Imperialismus?«
»Warum war es ein Glück für die Welt und für Europa, und warum war es ein Glück für das deutsche Volk, daß die DDR gegründet wurde?«
»Warum sind wir heute schon reicher als die reiche BRD?«
Doch das Brimborium zieht nicht mehr. Die Jugendlichen haben diesen Staat und sein Dressurprogramm bis zur Halskrause satt. Vor allem: Sie werden aufsässiger.
Deshalb gehen in der neuen »Vaterlands«-Kampagne Werbung und Einschüchterung Hand in Hand, werden die Kampfgruppen der SED straff auf den »Feind im Inneren« ausgerichtet. Auch die Wehrbereitschaft wird forciert; den Jugendlichen kommt dabei die Rolle eines Palisadenzaunes zu, der den eigenen Unterdrückungsapparat schützen soll – vor jenem Feind, den Margot Honecker wie weiland nach dem Bau der Mauer im eigenen Land ortet:

> Warum sollten wir der Jugend nicht auch klar sagen, daß sie sich zu Recht Sorgen macht darüber, wenn heute unter dem Motto der Vielfalt Konterrevolutionäre versuchen, ihr Süppchen zu kochen?
> (...)
> Unsere Zeit ist eine kämpferische Zeit, sie braucht eine Jugend, die kämpfen kann, die den Sozialismus stärken

hilft, die für ihn eintritt, die ihn verteidigt mit Wort und Tat, und wenn nötig, mit der Waffe in der Hand.⁴⁴

Die Verdrossenheit spitzt sich zu.

Die Kampfpresse der FDJ

Eine wichtige Rolle bei der Erziehung kommt der Presse zu. Im Frühjahr 1989 kritisierten Studenten der Universität Jena in ihren FDJ-Zirkeln das Verbot des sowjetischen »Sputnik«-Journals.
Aus Berlin reist daraufhin der Abteilungsleiter für Agitation und Propaganda beim ZK der SED an, um wenigstens im Kreise der Genossen Jurastudenten die scharfe Linie zu begründen. Einige Passagen geraten ihm zu einem Klartext, wie man ihn ansonsten nur hinter Polstertüren vernimmt:

> Die DDR-Medien sind Parteimedien und Mittel zur Propagierung der Erfolge des Sozialismus. Keine Presse in der Welt druckt alles, und auch wir drucken nur, was uns paßt. (...) Die Medien sind nicht Plattform des Gegners. Jede Form von Pluralismus und Meinungsverschiedenheit schadet dem Sozialismus und bringt die Anarchie. Wir brauchen Erfolg, Erfolg, Erfolg, um weiterzukommen... und daher ist die Aufgabe der Medien die Aufspürung des Erfolges. (...) Der Sozialismus hat drei Gegner: 1. den Imperialismus; 2. Intellektuelle, Künstler, Journalisten aus dem Osten, die von der Linie abweichen; 3. Gegner von innen...

Wir können aus der SU nichts übernehmen – oder wollt ihr etwa, daß wir den Schnaps verbieten?[45]

Die Enthüllung deckt sich mit der täglichen Erfahrung des DDR-Zeitungskonsumenten. Die hauseigene Mischung aus Erfolgsjubel und Bilanzoptimismus, aus Sport und Kultur, anheimelnd Lokalem und gezielten Schlägen mit der Politpritsche auf Köpfe von Gegnern aller Art weckt inzwischen propagandistisch niemanden mehr auf.
Und doch wirkt sie über die Jahre. Wer ständig Bürokratensprache hört und liest, kann sich einer Denklähmung auf Dauer nicht entziehen. Als vor einigen Jahren beispielsweise die häßlichen Losungen aus den Stadtbildern verschwanden, konnte die Partei den Exodus ihres Zierats durchaus verschmerzen: Nach Jahrzehnten optischen Hämmerns saßen die Parolen fest in den Köpfen.
Der Kampf- und Bürokratenjargon bringt gleich mehrere Vorteile: Besetzte Begriffe wie »Freiheit« oder »Demokratie« schleifen sich, koppelt man sie immer wieder hartnäckig an »DDR«, doch bei so manchem allmählich als DDR-typisch ins Gedächtnis. Und nebenbei läßt sich auch der leidige Prozeß, ständig »wissenschaftlich Fundiertes« in die Paßform einer neuen Realität pressen zu müssen, viel unauffälliger bewältigen, wenn der genervte Leser die »Seiten der Monotonie« nur überfliegt oder gleich von vornherein überblättert.
Die besondere journalistische Aufmerksamkeit der Partei gilt jedoch der Jugend, dem ausgemachten »Zielobjekt des Klassengegners«. Konsequent setzt sie der Infiltration durch das Westfernsehen die eigene Jugendpresse mit einem klaren Erziehungsprogramm entgegen. Als Hauptwaffe wird hier die »Junge Welt« eingesetzt, das tägliche

Kampforgan des FDJ-Zentralrats. Und damit das wenig attraktive Blatt am Kiosk nicht liegenbleibt, gehört es zur Pflichtlektüre eines jeden Jugendfreundes.
Die »Junge Welt« stellt zum einen eine Art Miniausgabe des »Neuen Deutschland« dar; die aktuellen Meldungen werden hier in Kurzform wiedergegeben. Das Erziehungsprogramm der Zeitung aber ist geschickt ausgeklügelt und auf die gleichzeitige Bewältigung aller großen Probleme zugeschnitten. Über einen kumpeligen Ton wird zunächst versucht, den privaten Interessen der Jugendlichen gerecht zu werden. Fürsorglich widmet sich das Blatt dem ersten sexuellen Erlebnis, der neuesten Mode, dem Sport.
Dann folgen die Schwerpunkte. Ein breites Feld wird stets der »wissenschaftlich-technischen Revolution« eingeräumt – jede Ausgabe wimmelt von FDJlern, die (bevorzugt im Blauhemd) an Computern basteln und sichtlich von der »Liebe zur Wissenschaft und Technik durchdrungen« sind. Den zweiten Schwerpunkt setzt die Erziehung zum »festen Klassenstandpunkt« – und hier gerät das Organ regelrecht zur Keule: Patriotismus, Wehrbereitschaft, Disziplin und Linientreue werden per Leitartikel, Kommentar oder Leserbrief dem Jugendlichen unermüdlich ins Bewußtsein gehämmert. Ins beliebte Frage/Antwort-Spiel wird verpackt, was die Partei der Jugend mitzuteilen hat. Werden Zweifel und Fragen ausgeräumt, das heißt abgewürgt.
Legt beispielsweise die »Junge Welt« Ulla D. aus Riesa die Frage in den Mund: »Warum ist bei uns die SED die führende Kraft der Gesellschaft?«, so kann sie selbst unmißverständlich darauf antworten: »Weil sie ein Recht dazu hat. Weil die Kommunisten für diese Gesellschaft

gekämpft haben, die objektiv den Interessen der Arbeiter entspricht: frei von Ausbeutung und Unterdrückung.« (JW, 30.3.89). Und gilt es mal wieder, den Reisedrang junger Leute einzudämmen, so serviert die »Junge Welt« eine Serie von Leserbriefen, in denen all das aufgezählt wird, was wichtiger ist als Reisen.

Demagogisch bis zur »Stürmer«-Manier aber wird das Blatt, wenn es gilt, »Staatsfeinde« zu entlarven – besonders solche, mit denen Jugendliche sich identifizieren. Da wird rhetorisch massakriert und in den Spucknapf »Neonazi« entleert, was der Partei an linken Brocken im Halse würgt. Mitglieder der Friedens- und Menschenrechtsbewegung sehen sich »aus dem Westen gesteuert« und Umweltschützer zu Verbrechern erklärt, die eine »gerechte Strafe verdienen«. Und da Jugendliche bei weitem nicht so leicht anbeißen, wie sie sollen, wird auch dann noch nachgeheizt, wenn die Objekte schon nicht mehr greifbar sind.

So arbeitete ich in den Jahren 1986/87 an einem Manuskript über die Schulpolitik der SED, über ihre Erziehungsmechanismen, den Verfall von Kultur und Bildung in der DDR, den Verlust von Geschichte.

Das Thema paßte den Staatsorganen wohl nicht: Während einer Durchsuchung meiner Wohnung kurz nach der Verhaftung von Stephan Krawczyk im Januar 1988 beschlagnahmte die Staatssicherheit das Manuskript, soweit sie dessen habhaft werden konnte. In der Vermutung: »Das kann doch nicht alles gewesen sein« langte sie dann noch einmal zielstrebig nach: Anläßlich meiner eigenen Verhaftung eine Woche später wurden Wohnung, Keller und Boden erneut auf den Kopf gestellt.

So mag sie auch nicht begeistert gewesen sein, als ich

mich nach meiner Ausbürgerung an den (Westberliner) Schreibtisch setzte und das Ganze mühsam von vorn begann.
Denn die Problematik hatte sich nicht erledigt, sondern an Schärfe noch zugenommen. Nicht nur das Ausreisebedürfnis der Jugendlichen war weiter gestiegen, sondern auch die neonazistischen Umtriebe. So kam schließlich auch das FDJ-Blatt nicht umhin, diesem Problem die gebührende Aufmerksamkeit zu schenken.
Also konnte ich in der »Jungen Welt« vom 16.9.88 ein Interview lesen, das Chefredakteur Schütt (der Experte für den Rührkuchen »Man nehme eine Handvoll Neonazis und eine Handvoll linker Kritiker, werfe sie in eine Schüssel und rühre kräftig um«) mit dem Autor Stephan Hermlin führte. Es ging um Antifaschismus und die Besorgnis gegenüber den zunehmenden neonazistischen Auswüchsen. Und mittendrin schiebt sich da plötzlich ein anderes Thema ins Interview – eines, von dem man zunächst meinen könnte, es gehöre da gar nicht hin. Ich las:

> Schütt: Gegenwärtig versuchen sich dieser Stephan Krawczyk und diese Freya Klier an einem Buch über den angeblichen Zusammenbruch der Kultur in der DDR.
> Hermlin: Es hat etwas Komisches, wenn Leute vom Zusammenbruch reden in einem Augenblick, in dem die europäische Öffentlichkeit mit größtem Respekt von den Leistungen dieser Kultur spricht.

Nun geht es hier nicht um die traurige Rolle Hermlins (der übrigens als PEN-Vorsitzender der DDR keinerlei Anstalten machte, gegen den Vorgang einer Manuskript-

Beschlagnahmung zu protestieren). Es geht um die Kombination Neonazi–Krawczyk/Klier–Neonazi. Es geht um den Abbau von Identifikation (so ist Krawczyk, ein Dauerbrenner des FDJ-Schwerpunkts »Diffamierung«, am Manuskript nicht beteiligt, was Herr Schütt sehr wohl weiß). Und es geht darum, ein Gefühl des Bedrohtseins zu erzeugen: Der »Kulturzusammenbruch in der DDR« (ein von Hermlin brav aufgegriffener FDJ-Unsinn) soll dem jugendlichen Leser den vom »Feind« gewünschten Zusammenbruch der DDR assoziieren.

Das Verfahren hat Tradition, ihm sind Renegaten verschiedener Generationen zum Opfer gefallen. Das FDJ-Blatt hat da scharfe Kaliber auf Lager. So wurde beispielsweise ein Jahr zuvor der ahnungs- und geschichtslosen DDR-Jugend plötzlich Rudolf Bahro nahegebracht: als »Möchtegernphilosoph« und »vorbestrafter Krimineller«. Das ist Aufarbeitung von Geschichte nach »Art des Hauses«.

Doch das Blatt kann auch anders. Berichtet es beispielsweise über Länder der Dritten Welt, so bleibt es meist dicht an der Realität, benennt es nicht nur die zahlreichen Menschenrechtsverletzungen, sondern auch deren Ursachen und Verflechtungen. Der breite Raum, den das Thema »Dritte Welt« in der Informationspolitik einnimmt, mag wohl ein Grund dafür sein, daß die Sensibilität von DDR-Jugendlichen gegenüber dem Elend afrikanischer Frauen, Kinder und Männer im allgemeinen stärker ausgeprägt ist als etwa bei Gleichaltrigen in der Bundesrepublik, für die – im hektischen Schauplatzwechsel des westlichen Medienmarktes – äthiopisches Sterben allzuleicht in einem Mischmasch aus Video-Clips, Werbung und Familienserien untergehen kann.

Übersieht man also den kleinen Schönheitsfehler, daß auch

die DDR-Presse Folter glatt unterschlägt, wenn sie von »Freundesland« berichtet, so gelingt ihr die Dritte-Welt-Schiene noch am überzeugendsten.

Doch je näher das Brennglas dem eigenen Zentrum rückt, desto demagogischer geraten Inhalt und Stil, desto grober schlägt die Propagandakeule zu. Da erstrahlt die Heimat DDR in den leuchtendsten Farben, während für den anderen Teil Deutschlands der Pinsel in ein tiefes Schwarz getaucht wird. Der Grund ist nachvollziehbar; der schrille Farbkontrast soll den Fluchttrieb Jugendlicher eindämmen. Der Erfolg indes ist zweifelhaft, denn ein derart plakatives Farbenspiel stumpft eher ab, als daß es Heimatliebe erzeugt.

Nicht, daß das alles ohne Wirkung bliebe – das fast durchgehend als »ätzend« und »beschissen« eingestufte Blatt leistet auf Dauer schon seinen Beitrag. So ordneten beispielsweise etliche von mir befragte Jugendliche, die keineswegs im Verdacht standen, sich ihre Heimat schönzugucken, den Begriff »Berufsverbot« klar dem Westen zu. Um aber die Tatsache, daß sie selbst trotz gesellschaftlichen Engagements und einer hohen Intelligenz nur Betonbauer oder Textilfacharbeiterin werden durften, ebenfalls als Berufsverbot zu begreifen, war noch einmal ein aufwendiger Denkvorgang nötig.

Dem Drang, der DDR entfliehen zu wollen, kommt man mit dieser Art Propaganda allerdings nicht bei. Denn die Partei übersieht etwas Wesentliches: Der Hauptantrieb zur Ausreise ist für Jugendliche nicht in erster Linie ein »Auf in den goldenen Westen«, sondern in erster Linie ein »Raus aus der bedrückenden DDR«. Das ist ein gravierender Unterschied, der das »Plus« von vornherein dort ansiedelt, wo DDR *nicht* ist.

Und so verliert auch das Wort »Arbeitslosigkeit« (zumal aus der Ferne) seinen Schrecken. Besonders dann, wenn man selbst zu einem Beruf gezwungen wurde, der einen anödet, und besonders dann, wenn einem ausgerechnet die FDJ-Zeitung diese Nachricht tagtäglich um die Ohren schlägt. Denn daß dieses Blatt unglaubwürdig ist, das weiß man aus seinen Berichten über jenen Teil der Realität, den man selbst ganz gut kennt: den eigenen. Von daher haben auch Schreckensmeldungen über den Niedergang, den Ausgereiste im Westen erleben, keinerlei Bannkraft.

Nun entspricht es durchaus den Tatsachen, daß viele Übersiedler, vor allem ältere, den Wechsel von Deutschland nach Deutschland nur schwer verkraften, und daß etliche von ihnen im Bodensatz der Zweidrittel-Gesellschaft hängenbleiben. Ihre bedrückenden Schicksale werden von der SED genüßlich zelebriert – der Auslöser dieser Misere übt sich in täglicher Schadenfreude.

Doch ist das eben nur ein Drittel der Wahrheit. Und die Partei hat das Pech, daß ihrer Jugend vor allem die restlichen zwei Drittel zu Ohren kommen. Denn deren Informationen speisen sich vor allem aus den Rückmeldungen Gleichaltriger. Und da junge Leute im allgemeinen mobiler sind als ihre Eltern und zudem in der DDR kaum verwurzelt waren, kommen sie auch in der »neuen Welt« besser zurecht. So kann eine Postkarte aus Griechenland mitunter ganze Kilos von Druckerschwärze beiseite wischen, die die »Junge Welt« investiert hatte, um den Fluchtdrang zu stoppen.

Inzwischen (und beschleunigt durch Reaktionen auf Ereignisse wie das Massaker auf dem Tiananmen-Platz) ist die Glaubwürdigkeit der DDR-Medien derart in den Keller gesackt, daß die FDJ-Zeitung beauftragt wurde, den Jugendlichen die Gretchen-Frage zu stellen. Krampfhaft und durchaus erfolglos wirft sich im Juni 1989 der stellvertretende Chefredakteur der »Jungen Welt« ins Zeug, um die vom Glauben an den Wahrheitsgehalt der DDR-Berichterstattung abgefallene Generation wieder einzufangen:

WEM GLAUBE ICH, WENN'S UM POLITIK GEHT?
Der Aktuellen Kamera oder der Tagesschau? Den Frühnachrichten des Berliner Rundfunks oder denen von Rias 2? Vertraue ich den Berichten von DDR-Fernsehkorrespondent Mathias Ehrich, den Berichten von adn-Korrespondent Otto Mann, der nun schon viele Jahre in China »zu Hause« ist, ein exzellenter Kenner von Sprache und Land, oder glaube ich den Berichten von Jürgen Bertram, Korrespondent des Westfernsehens an selber Stelle? Wem glaube ich also, wenn's um Politik geht? Die Frage steht. Denn die Berichte beider Seiten über die Vorgänge in Peking unterscheiden sich gerade jetzt nicht irgendwo in der fünften Stelle hinter dem Komma, sondern grundsätzlich wie Tag und Nacht.

DIE SCHLAGZEILEN BEI UNS:
Volksbefreiungsarmee Chinas schlug konterrevolutionären Aufruhr nieder. Die Aufrührer beabsichtigten den Sturz der sozialistischen Ordnung. Konterrevolutionäre haben Armeefahrzeuge beim Anmarsch auf den Tiananmen demoliert, Soldaten getötet, den Sitz von Partei und Regierung angegriffen, Krankenwagen auf der Fahrt in die Ambulanz behindert. Illegale Organisa-

tionen haben auf dem Tiananmen Hieb- und Stichwaffen verteilt. Deswegen hat die Armee eingegriffen, für den Schutz der sozialistischen Ordnung.

Und die andere Seite:
Panzer überrollten unbewaffnete Demonstranten, Armee-Einsatz führte zu grauenvollem Blutbad. Faschistisches Vorgehen. Chinesische Kommunisten haben Feuer auf die Zukunft eröffnet. Chinas Zukunft dunkelrot. Das Land ist in eine totalitäre Diktatur zurückgefallen.[46]

Wem also glauben die Jugendlichen, wenn's um Politik geht?
Ihren eigenen Medien wohl nicht mehr – dafür hat die Partei zu gründliche Vorarbeit geleistet.
Doch wechseln die Zeiten – und daß die FDJ-Kampfpresse besonders demagogisch ausfällt, heißt offenbar nur, daß ihr journalistisches Personal vor allem nach dem Kriterium der Rückgratlosigkeit ausgesiebt wurde:
Nur Monate nach dem Massaker in China – das Volk der DDR hat sich in einem heißen Herbst mittlerweile die »Wende« erkämpft – wendet sich auch das Scharfmacherblatt der FDJ. Nachdem es zunächst nahtlos zu seinem Hauptfeind, der DDR-Opposition, überläuft und beim Aufspüren »Schuldiger« besonderen Eifer an den Tag legt, übernimmt die »Junge Welt« auch beim Einstieg in die freie Marktwirtschaft eine Vorreiterrolle: Noch vor dem Wechsel zum neuen Jahr wartet sie mit einer »Quelle«-Werbung auf, einer halbseitigen...

Exkurs:
Jugend zwischen Flucht und Flunsch

Bei der letzten Kindergeneration, die durch die SED erzogen wurde, ist von der Begeisterung der ersten – den Kindern der Aufbauzeit – nichts mehr zu spüren.
Über den meisten Gesprächen während meiner Jugendbefragung in den Jahren 1986/87 hing die Schlaffheit wie ein Kumulus.
Da gab es fehlende Lebensneugier und einen bedrückenden Mangel an Fragen und Sehnsüchten... 18jährige, die zwischen Disco und einer öden Arbeit lediglich einen größeren Wohlstand vermißten; Mädchen, deren frühes Trachten fast ausschließlich der zu gründenden Familie galt.
Und dann gab es andere, die sich rechtzeitig gestreckt hatten, um ein paar Stufen nach oben zu klimmen. Die stets zielstrebig gewesen waren und klug genug, Fettnäpfchen zu überspringen (im Nacken oftmals die Eltern), und die nun, weil sie nie versucht hatten, den Horizont, der ihnen beschnitten war wie allen, selbst zu erweitern, seltsam blaß wirkten.
Wieder andere erschienen mir hellwach und höchst sensibel. Doch auch sie waren längst nicht mehr gut drauf. Die meisten von ihnen hatten schon früh einen Hang zur Aufsässigkeit erkennen lassen – und waren bereits aussortiert, noch bevor sie Zeichen hätten setzen können.
Und manche hatten sich gleich von vornherein an die karitativen oder die punkigen Ränder der Gesellschaft verzogen, wo sie sich ein weniger entfremdetes Dasein erhofften.
Wie von Makarenko gezeichnet, verkörperten die Jugend-

lichen der DDR das Spektrum von den wenigen, die »auf das aktivste an der Gestaltung des eigenen Horoskops mitwirken und dabei vor keinen Unannehmlichkeiten zurückschrecken«, bis hin zur erdrückenden Mehrheit, die »nicht ausreißt und auch nichts sucht, sondern einfältigen Herzens die zarten Triebe ihrer Kinderseelen dem organisatorischen Einfluß überläßt«.

Der organisatorische Einfluß ging allerdings nicht nur von Partei oder FDJ aus, sondern auch von den Leitfiguren der jeweiligen Freundeskreise. Deren Methoden, den allgemeinen Frust zu verarbeiten, prägten die Gruppenstimmung. Das konnte die Entscheidung sein, im Land zu bleiben, um »aktiven Widerstand« zu leisten..., die bewußte Entscheidung der »halben Kraft« an der Werkbank bei maximaler Entfaltung in der Freizeit..., die Entscheidung, sich nicht länger durch den faden DDR-Brei ziehen zu lassen und in den Westen abzuhauen.

Der »aktive Widerstand« splittete sich schon 1987 längst nicht mehr nur in punkig/gruftige Paradiesvögel und Umweltengagierte oder Wehrdienstverweigerer auf, sondern auch in Gruppen, die ihre »Null-Bock-Maulerei« in einen scharfen »Haß-auf-Rot« verwandelt hatten. Mit Ausnahme jener Brutalos, die bis dato ihre Feinde auf dem Fußballplatz zusammengenietet hatten und das gleiche nun in der Skinhead-Kluft fortsetzten, war mit einigen von ihnen das Gespräch immerhin möglich. Dabei stellte sich heraus, daß das Leitmotiv etlicher brauner Verschwörergrüppchen nicht die Renaissance des »Dritten Reiches« war, sondern die Gewißheit, mit »Braun« das gesamte Umfeld bis aufs Blut reizen zu können: den verhaßten Staat – gerade, weil er den Antifaschismus betonte..., die laschen Punker..., die »rote Menschenrechtssoße«... und alle

Gleichaltrigen, die brav ihre FDJ-Bluse überstreiften, wenn dies verlangt wurde. Der Ruck nach rechts war für sie die treffsicherste Provokation dieses ganzen »Scheißstaates«. Er war die extremste aller Reaktionen auf eine Erziehung, in der das Wort nicht mehr durch die Tat abgedeckt und der Begriff »Antifaschismus« zur Vokabel verkommen war, mit der man jugendliche Versuche der Individualisierung abwürgen konnte.

Das Gros der Jugendlichen jedoch entfaltete in keiner Richtung Eigeninitiative. Maulend und dennoch artig schwammen sie in der Suppe, welche die Partei der Jugend angerührt hatte. Das Rock-Angebot, in dem Maße erweitert, wie Lustlosigkeit sich breitmachte, wurde stets dankbar angenommen. Doch lief das über eine Konsum-Haltung nicht hinaus – man rockte mit, punkte mit, soff mit und schminkte sich mit. Ein Bein riß man sich dabei in keine Richtung aus.

Das Gros der Jugendlichen DDR war dem Gros der Jugendlichen BRD erstaunlich ähnlich – die Generationsspezifik schlug stärker durch als die jeweilige Gesellschaftsordnung. Denn sowohl die Mehrheit der jungen Bundis als auch die Mehrheit der jungen Zonis ließ sich eher leben. Die einen durch die Überfülle an Videos, an technischem und modischem Schnickschnack, die anderen durch die Überfülle an zu erfüllendem Klassenauftrag. Ersteres mag bedeutend mehr Spaß machen als letzteres – doch im Endeffekt löst Gängelung durch Konsum eine ähnliche Apathie aus wie Gängelung durch den Staat. So waren zwar die Ursachen verschieden, und auch die Träume wichen voneinander ab (dem Traum von der Freiheit und dem großen Reisekoffer stand der Traum von der großen Knete gegenüber), doch litt das Gros der Jugendlichen auf beiden Seiten der Mauer sowohl unter einer fehlenden Zukunftsperspektive als auch unter dem sichtlichen Desinteresse der Älteren an ihnen. Unter den Aspekten Arbeitskraft, Kaufkraft, Nachwuchsproduktion oder Rentenstabilität sind sie von Belang, als dynamische Masse eben – nicht aber als Individuen, die es aufzubrechen gilt und nicht nur abzufüttern.

Im Unterschied zur (dem jeweils organisatorischen Einfluß überlassenen) jugendlichen Mehrheit sah für kreative Geister die DDR-Realität allerdings bedeutend trüber aus als die bundesdeutsche. Sie lähmte der Staatsdruck in besonderem Maß, sie konnten sich weder informieren noch entfalten.

Gerade sie aber ließ die SED stets ohne Bedauern ziehen, denn gerade aus der kreativen Ecke drohte die schärfste Kritik. Es gelang der Partei zwar, einige wenige von ihnen in Berufe zu kanalisieren, in denen sie zumindest deren technische Begabung verwerten konnte. Die meisten jedoch wurden frühzeitig zu Hausmeistern, Reinigungskräften oder Hilfsschlossern degradiert.

Das Weitere war absehbar: Die kühneren Geister unter den Jugendlichen waren prädestiniert für den Totalausstieg aus der DDR.

1987 interviewte ich einige von ihnen, die ich dann später im Westen wiedertraf. Die Hoffnungslosigkeit hatte sie damals schon erfaßt. Ohne um die Parallele zu wissen, machten sie eine ähnliche Rechnung auf wie einst Rudi Dutschke, den die Partei zum Industriekaufmann herabgestuft hatte: Noch waren sie engagiert – in spätestens ein paar Jahren jedoch, wenn sie Familie hätten, würde sich ihre Freizeit derart dezimieren, daß der Verschleiß in die Dumpfheit führen würde. Maximal zehn Jahre gaben sie sich, dann würden sie so trübsinnig und fade sein wie die meisten in ihrem Land.

Das rechneten sie mir vor in einer Nüchternheit, die ihre tiefe Verletzung nicht verbarg. Und hielten dagegen: Wenn sie beizeiten weggingen, hätten sie wenigstens eine Bildungschance. Den Einwand drohender Arbeitslosigkeit ließen sie nicht gelten – Arbeitslosigkeit schien ihnen nicht bedrückender als der Zwangsjob, den sie gerade verrichteten. Und es bliebe die Chance, sich frei in der Welt zu bewegen und die eigenen Kinder so zu erziehen, daß man dies auch verantworten könnte.

Eine Verbesserung ihrer Situation war nicht in Sicht. So konnte ich lediglich zu bedenken geben, ohne sie werde es noch trister sein in der DDR – das aber wußten sie auch ohne mich.

Selbst unter den weniger ausgeprägten Persönlichkeiten der jungen Generation entsprang der Entschluß zum Landeswechsel, trotz materieller, am Westen orientierter Wünsche, nur selten dem Bedürfnis nach einem Wechsel in die kapitalistische Ordnung. Das Leitmotiv für den Ausreiseantrag war und blieb das »Raus aus der ätzenden DDR«. Ob der Antrag dann tatsächlich gestellt wurde, hing auch von der jeweiligen Gruppenstimmung ab. So stieß ich auf Freundeskreise, deren Ausreisedrang lediglich rhetorischen Charakter hatte, während in der Nachbarszene eine geballte Exodusstimmung herrschte und die Anträge dem Staat gleich kollektiv auf den Tisch geknallt wurden.

Auch regionale Umstände spielten eine Rolle. In Städten und vor allem in Kleinstädten empfanden Jugendliche den Staat in der für sie überschaubaren Bandbreite von »Schule bis Bulle« oft als rundum belastend. Dagegen ging es in ländlichen Gegenden manchmal noch regelrecht gemütlich zu. Der Grund: Der Staat tritt hier nicht nur von »Schule bis Bulle« in Erscheinung, sondern beispielsweise auch als Bürgermeister und Parteisekretär, bleibt also weit weniger anonym als in der Stadt. Der entsprechende Funktionär war den Dorfbewohnern meist persönlich bekannt; seinem Funktionärsdrang, nach oben zu buckeln und nach unten die Staatsmacht herauszukehren, stand das Bedürfnis entgegen, eine möglichst harmonische Beziehung zu den Dorfbewohnern zu unterhalten. Das aber gelingt am ehesten ohne bevormundende Propaganda. Unter glücklichen Umständen (denen ich vor allem im Süden der DDR begegnete) unterwanderte so mancher Schuldirektor/Dorfpolizist/Bürgermeister/Parteisekretär seinen eigenen SED-Macht- und -Führungsanspruch. Man schlug sich gemeinsam mit praktischen Problemen herum, und diese persönliche Kontaktebene trug bei zu einem liberalen Gesamtklima im Dorf, von dem auch Jugendliche profitierten.

So fiel mir – anders als in den austauschbaren Mittel- und Kleinstädten der DDR – unter der Dorfjugend eine gewisse Verwurzelung auf. Ein Ortswechsel, falls er überhaupt ins Auge gefaßt wurde, fand hier eher in die nähere Umgebung statt als in den unbekannten Teil Deutschlands.

Doch Aufbruchsstimmung versprühten auch diejenigen nicht, die in der DDR bleiben wollten. Mit zwei Ausnahmen: Das waren einmal jene Jugendlichen, die (durch das Elternhaus geprägt) von ihrem Staat, ihrer Partei und deren Zukunft zutiefst überzeugt waren, und das waren die jungen Öko- und Menschenrechtsfreaks, die der Partei zäh Informationen und Spielräume abtrotzten und sich dabei weder durch kurze Inhaftierungen noch durch Ordnungsstrafen abschrecken ließen.

Beide Strömungen aber bildeten eine Minderheit. Die meisten anderen jungen Leute sahen nüchtern und verdrossen in die Zukunft. Sie erlebten die Resignation ihrer Eltern, deren schmerzlichen und nur schwer einzugestehenden Abschied von einer Idee, für die sie viel Kraft gelassen, die ihnen viele Hochs und noch mehr Tiefs beschert hatte. Und beides bindet.

Die Jugendlichen hatten kaum Vergangenheit, kaum Hochs und kaum Tiefs kennengelernt. Ihnen fehlte die Erfahrung, etwas begonnen und bewältigt zu haben oder daran gescheitert zu sein. Wer nach dem Mauerbau geboren wurde, hatte das Pech, von Anfang an am Gängelband mittrotten zu müssen; damit kam emotionale Bindung an die »Heimat DDR« gar nicht erst auf. Die SED mochte also ihre Patriotismus-Trommel noch so eifrig rühren, sie konnte die Jugend nicht mehr in Vaterlandswallung versetzen.

Von dieser Nüchternheit bekamen auch Stephan Krawczyk und ich mitunter etwas ab. Für nicht wenige der jungen Leute, die unsere Kirchenauftritte mit Sympathie verfolgten, waren wir letztlich doch nur eine Art Quichote-Duo im Kampf mit den Mühlen. So fragten sie uns zwar nie, ob sich diese Anstrengung denn auch finanziell lohne (dieser Frage begegneten wir erst im Westen), doch konnten sie nicht begreifen, daß man sich für eine Sache aufreibt, die nach ihrer Erfahrung nicht mehr zu retten war.

Denn daß es nach Gorbatschows eingeläuteter Perestroika in der DDR nicht nur offener, sondern zugleich auch enger wurde, bekam niemand deutlicher zu spüren als sie –

trotz des breiteren Kulturangebotes. Während sich 1987 westliche Medien und »DDR-Kenner« überschlugen vor Lob ob der Dialogbereitschaft und des Reformwillens der SED..., während Eltern sich geschickt einzurichten suchten im neuen Reiseprivileg, praktizierte die SED an den Jugendlichen Stalinismus in unverminderter Schärfe.
So brauchten sie weder ein Sputnik-Verbot noch das Massaker von China, um ihren Überdruß zu artikulieren. Sie schockierten durch den direkten Zugriff aufs Zentrum: Dort, wo ihre Eltern in verinnerlichter Schizophrenie kritisch-intellektuell an des Kaisers Garderobe herumdeutelten, bestanden sie schlicht darauf, daß der Kaiser keine Kleider anhabe.
Dieses Fazit ihrer Erfahrungen konnten sie aber nur selten durch Argumente belegen; dazu fehlte ihnen jedes Hintergrundwissen. Also stießen sie eher diffuse Gefühlsäußerungen aus. Mit ihrem Gestammel von »Alles Scheiße« und »Nicht mehr auszuhalten« machten sie es der Partei und den »DDR-Kennern« gleichermaßen leicht, sie mit einem Naserümpfen zu ignorieren. Ihre Stimmen zählten nichts.
Doch gerade weil sie weder zu taktieren vermochten noch an irgendeinem Privileg beteiligt waren, traf ihre Einschätzung der DDR-Realität so genau. Hätte man ihnen ernsthaft zugehört, der Schock zwei Jahre später wäre wohl kleiner ausgefallen.
Sie konnten sich nicht mehr artikulieren, weil ihnen die Fähigkeit dazu abtrainiert worden war. Und sie hatten kein Wissen mehr, weil das Interesse, ihnen Wissen zu vermitteln, geschwunden war.
Nicht so bei der Partei. Deren Interesse war unvermindert stark, doch sie vermittelte Ideologie statt Wissen und hat

so den Jugendlichen von heute die Geschichte ihres eigenen Landes zum Blindfeld ausgeräumt. Als ich 1986/87 bei der zukünftigen Intelligenz diesbezüglich nachhakte, war ich perplex über den Erfolg dieser Strategie.
Ich befragte mehr als zweihundert (vorwiegend außerhalb von Berlin lebende) Oberschüler und Abiturienten nach Ereignissen und Personen der Zeitgeschichte. Das Resultat war niederschmetternd: Kaum einer wußte beispielsweise, daß es nach 1945 auf dem Gebiet der Sowjetzone unabhängige Parteien gegeben hatte. Historische Ereignisse waren zu Schlagworten verkommen (17. Juni = Arbeiteraufstand, Prager Frühling = Einmarsch sowjetischer Truppen in Prag..., war das nicht 1968?) – dahinter die Leere, kein Wie, kein Warum.
Zum Flop geriet auch die Frage nach vertriebenen Künstlern und Schriftstellern: Erich Loest, Sarah Kirsch, Günther Kunert – keiner konnte sich erinnern, jemals den Namen gehört zu haben. Von Wolf Biermann und Jürgen Fuchs kannte man die Namen (vom ersten mehr, vom letzten weniger) – doch weder ein Lied noch einen Text.
Glück im Unglück hatte Reiner Kunze: Eine Leipziger Oberschülerin kannte eines seiner Bücher. Als ihr aufgrund politischer Vorkommnisse die Relegierung drohte, hatte ihr die Mutter die »Wunderbaren Jahre« in die Hand gedrückt.
Die Vertriebenen hatte die Partei erfolgreich aus der DDR-Geschichte gestrichen. Dafür präsentierte sie dem Nachwuchs ihre eigenen Sterne: Alle Schüler kannten Hermann Kant und Günther Görlich – sie gehörten zum Pflichtlehrplan.
Mehr als je zuvor wurde der Literaturunterricht als Waffe im »Klassenkampf« genutzt. So finden sich beispielsweise

noch 1976 (in einer Phase kultureller Lockerung als Folge des VIII. Parteitags der SED) immerhin Günther Kunert und Franz Fühmann unter »Sozialistische Literatur« im Lehrplan der 8. Klasse wieder. Im neuen, bis ins nächste Jahrhundert gültigen Lehrplan aber sind sie gestrichen. Dafür wurden Günther Görlich und Joachim Nowotny – zwei belanglosen Schreibern, aber zuverlässigen SED-Genossen – fünf ganze Schulstunden eingeräumt.

Fünf Stunden für Görlich und Nowotny. Zum Vergleich: Für Puschkin, Tschechow, Maupassant und E. A. Poe stehen zusammen nur insgesamt sechs Stunden zur Verfügung – und Kleist, Eichendorff, Brentano und E. T. A. Hoffmann müssen alle zusammen gar in drei Stunden durchgehechelt werden...

Die gleiche Wertigkeit zeigt sich auch im Lehrplan der Klassen 9 und 10 von 1985: Hier sind für Arnold Zweig, Kurt Tucholsky, Lion Feuchtwanger, Erich Kästner, Hans Fallada, Leonhard Frank, Oskar Maria Graf und B. Traven insgesamt sechs (!) Stunden vorgesehen. Für die »Sozialistische Literatur« dagegen – für Hermann Kant, Ruth Werner, Hans Bräunlich und Dieter Noll – läßt die Partei elf Stunden springen...

Dabei bleibt nicht nur das Geschichtswissen der jungen Generation auf der Strecke, sondern auch ihr literarisches Urteil.

Daß Bildung selbst in der Ulbricht-Zeit noch einen höheren Stellenwert hatte, zeigt ein Vergleich der inhaltlichen Vorgaben für dieses Fach aus den Jahren 1966 und 1986:

> Im Literaturunterricht der Klassen 9 und 10 gewinnen die Schüler tiefere Einsichten in die Zusammenhänge, die zwischen einem literarischen Werk, der gesellschaft-

lichen Situation zur Zeit seiner Entstehung und der Stellung des Dichters zu den Aufgaben seiner Zeit bestehen. Darüber hinaus erhalten sie Einblick in wichtige Etappen der Entwicklung der deutschen Nationalliteratur.[47]

Bedeutend schärfer klingt die Aufgabenstellung im Jahre 1986:

Der Literaturunterricht bringt den Schülern ihre Stellung in der sozialistischen Gesellschaft tiefer zum Bewußtsein, entwickelt ihr sozialistisches Geschichts- und Perspektivbewußtsein und hilft ihnen, einen festen Klassenstandpunkt zu gewinnen. Er trägt wesentlich dazu bei, sozialistische Verhaltensweisen zu festigen, Verantwortung für das Ganze zu übernehmen und klassenbewußte Entscheidungen zu treffen. Die Möglichkeit des Literaturunterrichts, auf die gesamte Persönlichkeit der Schüler einzuwirken, sind zu nutzen, um ihre Liebe zum sozialistischen Vaterland, zur Arbeiterklasse und zu ihrer marxistisch-leninistischen Partei und die Freundschaft mit der Sowjetunion und den anderen sozialistischen Brudervölkern zu vertiefen.
Untrennbar damit verbunden ist die Erziehung zum Haß gegen Imperialismus und Militarismus und zur Solidarität mit allen für Frieden, Freiheit und nationale Unabhängigkeit kämpfenden Völkern.[48]

Schulen und Universitäten der DDR wurden zur ideologischen Front, zum Bollwerk mit höchster Breitenwirkung. Rund 2,3 Millionen Schüler und Studenten kamen täglich mit diesen Einrichtungen in Berührung, wurden täglich von ihnen geprägt. Und vor ihnen hatten schon ihre Eltern auf den Einheitsbänken gesessen.

Mit ihrem Bildungsprivileg für Angepaßte bewirkte die SED, daß von den Universitäten der DDR über viele Jahre kein Oppositionsimpuls mehr ausging. Die Hochschulen schienen in Grabesruhe zu versinken. So spielten – im Unterschied zu anderen osteuropäischen Staaten – während der gesamten Dekade der Friedens- und Menschenrechtsbewegung die Studenten in der DDR kaum eine Rolle. Und anders als in Polen, der ČSSR, in Ungarn und sogar Rumänien bildeten sie im »revolutionären Herbst« von 1989 eher das Schlußlicht.

Doch innerhalb weniger Wochen gelingt es den Studenten, ihr Denk- und Handlungskorsett zu sprengen, werden die Hochschulen und Universitäten des Landes von einem Aufbruchfieber erfaßt, das an die Nachkriegszeit erinnert: Auf aktuell politischen Veranstaltungen flammen wilde Diskussionen auf; man holt sich kritische Geister in öffentliche Foren, fordert geheime Wahlen und einen unabhängigen Studentenverband. Man muckt auf gegen Marxismus/Leninismus, gegen militärischen Drill. Und kaum daß die Mauer gefallen, schwärmen die Studenten neugierig aus, um Anregungen aus dem anderen Teil der Welt aufzusaugen.

Die Studentengeneration von heute könnte nach langen Jahren die erste sein, die sich nicht mehr zu einer subalternen Intelligenz rekrutieren läßt. Das aber setzt voraus, daß der Hochschulapparat der DDR aufgebrochen wird, daß all jene Funktionäre an die Luft gesetzt werden, die der alten Parteiführung das Sieb hielten.

Noch ist diese Maßnahme nicht in Sicht.

Nachwort

Die Völker Osteuropas haben ihr Joch abgeschüttelt. Sie haben sich befreit von einem Desaster, das sich aus alten bolschewistischen Tagen herüberzog: die Verschwörung als Staatsform. Aufrechterhalten ließ sich dies einzig durch die Erziehung zur Lüge. Verschwörung als Staatsform, das hieß: Fast alle gehörten zu den Nichteingeweihten, waren ausgeschlossen von der Macht und dem Wissen, das »unter Verschluß der Herrschenden ist, den Beherrschten unzugänglich, außer in der Zubereitung und Verfälschung, die den Herrschenden beliebt« (W. Liebknecht).
... Es ist nicht die Zeit für Demokratie. Dieser Satz mochte für Lenin und Genossen plausible Gründe gehabt haben – im Schraubstock von Entente und Kriegskommunismus konnte der Kopf wohl nicht freier werden. Doch die Zeit für Demokratie kam nie. Nicht nach dem Bürgerkrieg, nicht nach der NÖP – und nach 1928 stand die Frage nicht mehr zur Debatte.
Aus der Vogelperspektive eines Komitees (das sich selbst gern als Avantgarde bezeichnet) gerieten Menschen rasch zur Masse. Die Forderung von unten, nicht nur mitzuarbeiten, sondern auch mitzuregieren, kam stets zur Unzeit. Einmal den Mühen der Ebene entronnen, wird, wer an den Hebeln der Macht sitzt, diese nicht mehr freiwillig aus der Hand geben, weil er schnell zur Einsicht gelangt, daß sich der Laden viel effektiver schmeißen läßt nach bewährtem

Muster: von oben nach unten. Diese Erfahrung wußte die frühe bolschewistische Garde ebenso zu schätzen wie der große russische Schlächter und – nach 1945 – seine Satrapen in Europa.

Das Gespenst, das fast ein Jahrhundert in Europa umging – ein Schreckgespenst, nicht das des Kommunismus –, lehrte die Menschen das Fürchten. In einem Meer von roten Fahnen und unter nicht enden wollendem Jubel der aufgebotenen Massenchöre blieben seine Konturen schleierhaft. Wer den Mummenschanz dennoch durchschaute, wurde zum Schweigen gebracht.

Nun fällt es – unter dem befreienden Applaus seiner Opfer – in sich zusammen.

Die einzige Chance des Sozialismus, sich nicht nur als Idee, sondern auch in der Praxis zu behaupten, war seine Glaubwürdigkeit. Die hat es zwischen Menschen gegeben, zwischen einzelnen – der Rest war Bluff.

Als dann das Volk von Leipzigs Straßen endlich die dicken Polstertüren der Verschwörer aufriß, war es geblendet: Die »sozialistische Avantgarde« hatte gehaust wie Gott in Frankreich...

Es war ein Absturz ohne Boden. Der gewaltlose Marsch aus der Sprachlosigkeit drohte, in die Sprachlosigkeit der Gewalt umzuschlagen. Prometheus – nach siebzigjähriger Fixierung soeben erst mühsam in den aufrechten Gang zurückgekraucht – brach unter der Enthüllung in weinendes Gelächter aus: Hätte er das Feuer am Himmel belassen, es wäre heute wenigstens so hell, daß man einander noch erkennt.

Der Verlust an Glaubwürdigkeit während jener Herbstwochen im Jahr 1989, da die nicht enden wollenden Enthüllungen von Skandalen einer korrupten, Sozialismus

predigenden Führung auf die Bevölkerung herniederprasseln, ist von gewaltigem, von finalem Ausmaß.
Diese Wochen besiegeln das Schicksal der DDR: Im Zeitraffertempo schrumpft die Zahl derer, die noch einmal bereit sind, sich zum erneuten Experiment »Sozialismus« aufzuraffen. Hehre Appelle aus den Elfenbeintürmen abgehobener Literaten gehen unter im Chor der Geprellten, für die Sozialismus nicht geistige Oase, sondern ein finsterer Streich auf ihre Kosten war. »Deutschland einig Vaterland!« hallt nun der Hilferuf vom sinkenden roten Schulschiff – er schwillt und gilt dem Luxusdampfer der Brüder und Schwestern von nebenan.
Der DDR bleibt keine Chance mehr auf einen eigenen Weg, ein Aufbruchsfieber wie 1945 wird es nicht noch einmal geben. Zu schwer wiegt der Vertrauensverlust, zu ausgebrannt sind die, die ihn beschreiten müßten. Über einen Zeitraum von vierzig Jahren – fast einem halben Jahrhundert – schuf sich die Partei einen Apparat, den auch keine Wende so leicht aus den Angeln hebt. Die Köpfe der Oberen sind gefallen, der kolossale Rumpf bleibt. Der Mitläufer waren es am Ende so viele, daß, würden sie geschaßt, das Land in sich zusammenfiele wie ein Kartenhaus.
Und wer auch sollte sie ersetzen? Über ihren Bildungsapparat hat die Partei sortiert, bis endlich auf dem Stellwerk saß, wen sie für tauglich hielt, und Schwellen putzte, wen sie von höherer Bildung fernzuhalten gedachte. Mit dieser Strategie hat sie das Land um Talente und Persönlichkeiten gebracht in einem Ausmaß, das seinesgleichen sucht.
Auch in den Schulen der DDR fehlen heute jene Persönlichkeiten, die einen Neubeginn noch einmal glaubhaft machen könnten: Die Lunatscharskis sind tot, sind im

Exil. Die Schulfunktionäre sind wendig, doch dadurch nicht glaubhafter. Unter den Demonstranten, die im Spätherbst mit brennenden Kerzen durch die Straßen zogen und lautstark die Bestrafung der Schuldigen forderten, machten verblüffte Schüler und Studenten auch ihre im Frühherbst noch linientreuen Lehrer aus..., Direktoren, die noch im Mai das Defilee vor den Tribünen der heute Schuldigen erzwangen.
Und flohen einst Pädagogen aus Gewissensgründen, so setzen sich nun auch Mitläufer ab. Unter denen, die sich nach dem Fall der Mauer risikolos von der DDR abwenden, sind zahlreiche Lehrer – nicht wenige von ihnen haben der Partei bis dahin zuverlässig gedient. In manch einem Bundesland werden sie mit offenen Armen empfangen, rasch umgeschult und bevorzugt ins neue Schulwesen integriert.
Was mögen sie den fünfzigtausend arbeitslosen Lehrern der Bundesrepublik voraushaben? Sind es ideologische Biegsamkeit und jahrzehntelanges Training in Disziplin und Gehorsam, die sie nun auch für das Bildungswesen der westlichen Gesellschaft tauglich machen?

> Da war eine Zeit
> Da war alles hier anders.
> Die Metzgerfrau weiß es.
> Der Postbote hat einen zu aufrechten Gang.
> Und was war der Elektriker?

argwöhnte einst Brecht in Buckow angesichts einer Wende, in der plötzlich ein Heer von Antifaschisten mit dem Finger auf die wenigen Führer zeigte, die an allem schuld waren...

Eine Zeit sollte endlich anbrechen ohne Lippenbekenntnisse, eine Zeit zum Nach-Denken. Im Osten und wohl mehr noch im Westen Deutschlands ließen sich viele Frauen und Männer finden, die den Jugendlichen der DDR jene Geschichtslücken schließen könnten, welche die Partei durch ihr Erziehungs- und Bildungsprogramm in so verhängnisvoller Breite gerissen hatte: Es sind die Opfer des Stalinismus, die Opfer der SED.
Die Bücher der Jankas und Kunzes..., die persönlichen Erlebnisberichte verfolgter Sozialdemokraten, Christen und Kommunisten dürften vermutlich mehr als nur das Vakuum füllen, das sich jetzt nach der Wende über die Schulen der DDR breitet. Die Schüler und Studenten könnten eine ungewöhnliche Erfahrung für ihre Zukunft machen: die Erfahrung, daß es nicht nur Duckmäuser gab, sondern zu jeder Zeit Menschen, die der Lüge widerstanden – auch dann, wenn sie als unumstößliche Wahrheit bejubelt wurde..., auch dann, wenn die Strafe für ihre Benennung das Maß des Erträglichen überschritt.
Mit einer solchen Generationenbegegnung könnte wohl das erste Mal nach langen Jahren auch die Glaubwürdigkeit wieder Einzug halten in die Schulen der DDR.

Anmerkungen

1 Wilhelm Liebknecht: Wissen ist Macht, Macht ist Wissen, in: Erziehung und Gesellschaft, Berlin (DDR) 1968, S. 70.
2 Friedrich Nietzsche: Der europäische Nihilismus, in: Der Wille zur Macht, Nietzsches Werke (Klassiker-Ausgabe), Leipzig 1919, S. 34.
3 Ernst Madlung: Die kulturphilosophische Leistung Condorcets (Diss.), Jena 1912, S. 19.
4 Wilhelm Liebknecht: Wissen ist Macht, S. 93.
5 Die deutsche Schule auf neuen Wegen, Verlag Tägliche Rundschau Berlin 1947.
6 Aufruf des ZK der KPD und des Zentralausschusses der SPD zur demokratischen Schulreform, 18. Oktober 1945, in: Dokumente und Materialien zur Geschichte der deutschen Arbeiterbewegung, Berlin (DDR) 1959, Reihe III, Bd. 1, S. 211.
7 Die neue Schule, Berlin/Leipzig 1947, Heft 8, S. 17.
8 Monumenta Paedagogica, Bd. III, Berlin (DDR) 1968, S. 185.
9 NÖP (russ. NEP), Neue Ökonomische Politik. In ihren Grundzügen 1918 von Lenin in »Die nächsten Aufgaben der Sowjetmacht« erarbeitet. Im März 1921 Wendung Lenins vom Kriegskommunismus zur NÖP, die in begrenztem Maße kapitalistische Elemente in der Wirtschaft zuläßt.

10 Die Kulturaufgaben der Arbeiterklasse, Frankfurt a. M. 1971, S. 38.
11 Rosa Luxemburg: Zur russischen Revolution, in: Gesammelte Werke, Bd. 4, Berlin (DDR) 1983, S. 364.
12 ebenda, S. 362–364.
13 Wladimir Majakowski: Zwiesprache mit Genosse Lenin, in: Hören Sie zu, Berlin (DDR) 1976, S. 484.
14 A. G. Stachanow, sowjetischer Bergmann, der 1935 innerhalb einer Schicht 14 Normen schaffte. Sein Name steht seitdem für eine sowjetische Massenkampagne zur rücksichtslosen Steigerung der Arbeitsproduktivität.
15 S. M. Kirow (1886–1934), Bolschewik und Mitkämpfer Lenins, führender Funktionär der Sowjetmacht; 1932 rebellierte er gegen Stalin (Ablehnung der Todesstrafe für Oppositionelle), 1934 in Leningrad auf Geheiß Stalins ermordet.
16 Tscheka, 1917 unter Felix Dzierzynski gegründete Staatssicherheit der Bolschewiki.
17 Anton Makarenko: Werke, Bd. I, Berlin (DDR) 1956, S. 501.
18 Maxim Gorki: Über die Jugend, Berlin (DDR) 1954, S. 63.
19 Georgi Dimitroff: Ausgewählte Schriften, Bd. 2, Berlin (DDR) 1958, S. 657.
20 Hannah Arendt: Elemente und Ursprünge totaler Herrschaft, München 1986, S. 592.
21 Margarethe Buber-Neumann: Von Potsdam nach Moskau. Stationen eines Irrwegs, Köln 1981, S. 427.
22 ebenda, S. 241–243.
23 Wolfgang Leonhard: Die Revolution entläßt ihre Kinder, Köln 1955, S. 174.

24 ebenda, S. 317.
25 Monumenta Paedagogica, Bd. II, S. 211.
26 Heinz Brandt: Ein Traum, der nicht entführbar ist, Frankfurt a. Main 1985, S. 174.
27 Europa-Archiv, 14. Jg., 1959, Teil II, S. 89.
28 W. Leonhard: Die Revolution entläßt ihre Kinder, Köln 1955, S. 426f.
29 Heinz Brandt: Ein Traum, der nicht entführbar ist, Frankfurt a. Main 1985, S. 174.
30 Dokumentation des Amtes für gesamtdeutsche Studentenfragen, 5. Aufl., 1962.
31 Helmut Bärwald: 40 Jahre SED, 40 Jahre kommunistische Bündnispolitik, in: Illustrierte Republikanische Zeitung, Nr. 34, 6. Jg., Berlin, 24. August 1929, 2. Sonderausgabe April 1986, S. 14.
32 ebenda, S. 14.
33 Monumenta Paedagogica, Bd. VI/1, S. 341.
34 SBZ-Archiv Nr. 24/1953, S. 378.
35 I. W. Mitschurin (1855–1935), sowjetischer Pflanzenzüchter und Biologe. Schuf durch Kreuzung von Arten aus geographisch weit entfernten Gebieten mehr als dreihundert frostfeste Obstsorten (Verschiebung der Obstbaugrenze nach Norden).
36 Originaldokument der Karl-Marx-Universität Leipzig, in: Dokumentation zu Fragen des Erziehungs- und Bildungswesens in der DDR, Verband Deutscher Studentenschaften, Gesamtdeutsches Referat, Berlin-Dahlem 1960.
37 Hans Mayer: Ein Deutscher auf Widerruf. Hörsaal 40, Bd. 2, Frankfurt a. Main 1984, S. 113.
38 Jugendkommuniqué von 1963, in Dokumente der SED, Bd. IX., Berlin (DDR) 1965, S. 685.

39 ebenda, S. 703.
40 VII. Pädagogischer Kongreß, 1970, Referat Margot Honecker, in: Monumenta Paedagogica, Bd. XVI/1, S. 304f.
41 NÖS, Neues Ökonomisches System, Wirtschaftspolitik in der DDR zwischen 1963–1967 (Versuch des Übergangs von extensiver zu intensiver Produktion, Steigerung des Innovationstempos; Einführung des Begriffs »Wissenschaftlich-technische Revolution«, Kampfparole Ulbrichts in Richtung kapitalist. Marktwirtschaft: »Überholen ohne Einzuholen«).
42 Informations- und Orientierungsmaterial zur Begabtenförderung auf wissenschaftlich-technischem Gebiet im einheitlichen sozialistischen Bildungssystem, Berlin (DDR) 1985.
43 Direktor für Studienangelegenheiten der Humboldt-Universität Berlin: Konzeption für die Zulassungsarbeit zum Studienjahr 1986/87, internes Papier.
44 IX. Pädagogischer Kongreß der DDR, 1989, Referat Margot Honecker, in: Neues Deutschland v. 14. Juni 1989.
45 Umweltblätter, Dokumente der Umwelt-Bibliothek der Zionskirche, Berlin (DDR) 1989.
46 Junge Welt, Nr. 131, v. 6. Juni 1989.
47 Deutsche Sprache und Literatur, Berlin (DDR) 1966.
48 Ziele und Aufgaben des Literaturunterrichts in den Klassen 9 und 10, in: Lehrplan Deutsche Sprache und Literatur, Berlin (DDR) 1985.

304 Seiten
(TB 3014)

Ein deutsch-deutsches Tagebuch

Als Freya Klier, die Theaterregisseurin aus Ostberlin, und ihr Mann, der Liedermacher Stephan Krawczyk, Anfang 1988 in den Westen kamen, waren die Hintergründe dieses aufsehenerregenden Schrittes undeutlich, die Interpretationen widersprüchlich und verwirrend.

Freya Klier, die in ihren beiden letzten Jahren in der DDR an einem Buchprojekt arbeitete, hat auch Tagebuch geführt. Ihre Einsichten und Erkenntnisse stehen stellvertretend für die Erfahrungen, die viele Menschen im anderen deutschen Staat machen mußten, und stellen deshalb viel mehr dar als nur ein persönliches Dokument.

»...noch nie wurde so dokumentarisch dicht über den Alltag eines bestimmten Bereichs im ›sozialistischen deutschen Staat‹ berichtet.«
　　　　FRANKFURTER RUNDSCHAU